JN273022

東日本大震災

ボランティアによる支援と仮設住宅
―家政学が見守る石巻の2年半―

(一社) 日本家政学会東日本大震災生活研究プロジェクト 編

大竹美登利・坂田　隆　責任編集

建帛社
KENPAKUSHA

Restoration of local community in Ishinomaki with volunteers after the 3.11 Tsunami Disaster
—Home economic approach to improve QOL in temporary housing—

Supervised by
JSHE research project on living condition after 3.11 disaster

Edited by
Midori Otake
Takashi Sakata

©The Japan Society of Home Economics, 2014
Printed in Japan

Published by
KENPAKUSHA Co., Ltd.
2-15 Sengoku 4-chome, Bunkyoku, Tokyo 112-0011, Japan

石巻市の位置

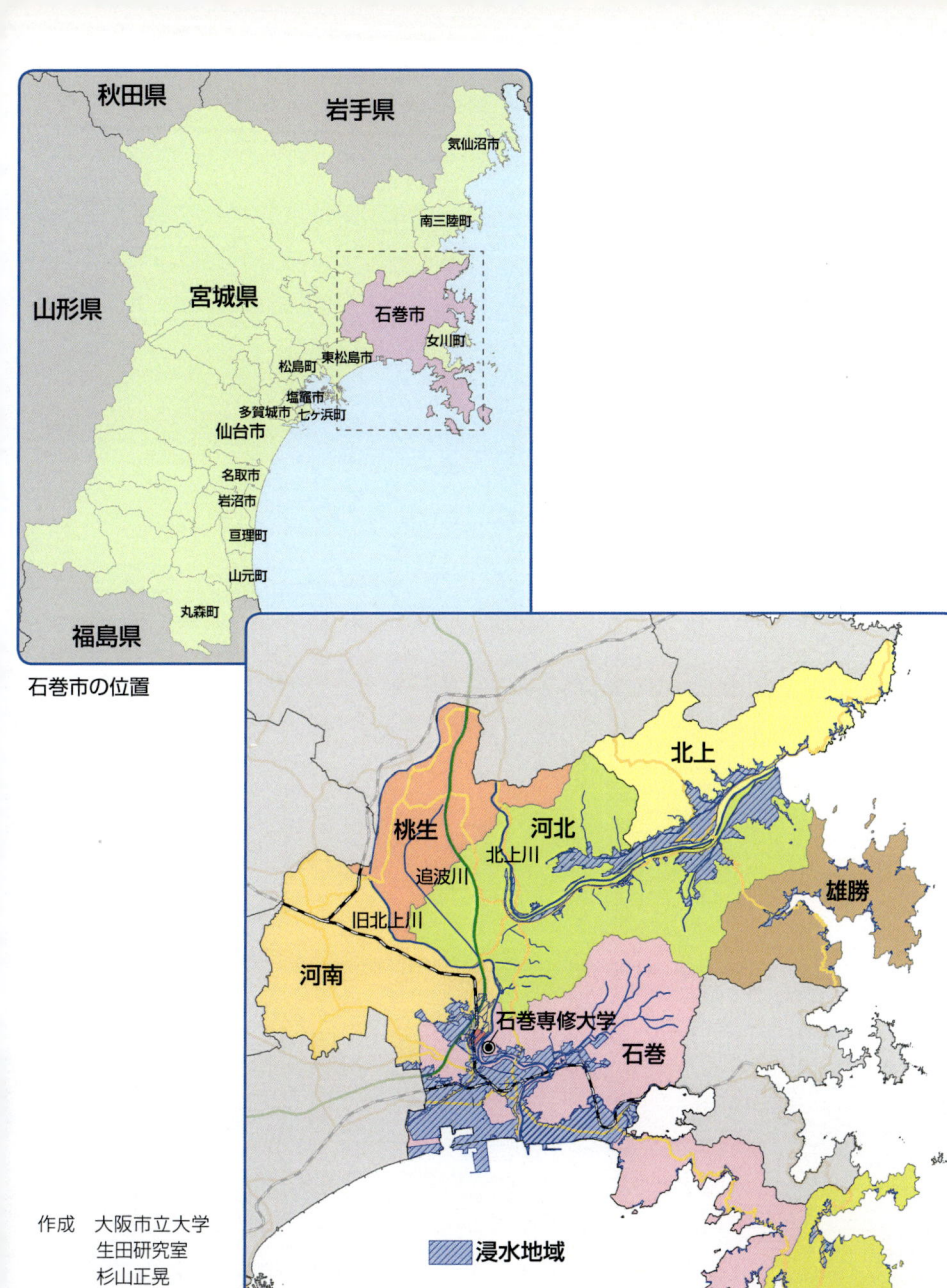

石巻市の津波による浸水域

作成　大阪市立大学
　　　生田研究室
　　　杉山正晃
資料　地図：国土地理院データ
　　　浸水域：国土交通省都市局「復興支援調査アーカイブ」データ

刊行にあたって

　2011年3月11日に発生した東日本大震災からすでに3年が経過した。先日，ようやく三陸鉄道全面開通が報じられたが，複合災害である東日本大震災は被害が広域かつ甚大で，インフラ整備などハードの復旧に時間がかかり，生活再建はさらに遅れ，いまだ多くの被災者が仮設住宅で暮らしている。被災地では，支援活動だけでなく，早い復興・再建を目指し，また将来の防災に向けて，さまざまな分野の研究グループによる学術的調査・研究もおこなわれている。

　生活を研究対象とする学術団体として，2011年4月に一般社団法人となった日本家政学会では，大竹美登利会長（当時）のリーダーシップのもと，「東日本大震災生活研究プロジェクト」を立ち上げ，学会員から研究員を募り，被災地の生活復興に貢献すべく，10年計画で家政学的生活研究に取り組んでいる。実際には，津波で最も人的被害が大きかった宮城県石巻市において，石巻専修大学との共同研究で，ボランティアの方や仮設住宅居住者への聞き取り調査や，支援活動として被災者のニーズに従って料理教室や手芸教室を実施してきた。

　本書は，本生活研究プロジェクトの活動の記録であり，被災地で行った約2年間の調査研究の結果報告書である。プロジェクト研究はまだ途上であるが，これまでの取り組みで，震災後3年を経た被災地の生活課題やその実態がかなり明らかになってきた。（一社）日本家政学会としては，本書をできるだけ多くの方に読んでいただき，今まで以上に被災地のニーズに合った支援が展開され，早い生活復興・再建につながることを期待している。また一人でも多くの研究者，特に若い研究者にプロジェクトに参加していただき，被災地での生活研究を次世代につなげていただけることを願っている。

　2014年4月

（一社）日本家政学会会長　久保田紀久枝

まえがき

　東日本大震災は開発国で発生した大きな自然災害であった。被災範囲の広さや人的被害の大きさ，経済的な被害の大きさでは例を見ないものであり，世界に先駆けて高齢化が進んだ地域での災害であった。したがって，これまで多かった開発途上国での救援食や炊き出し，避難所の運営，仮設住宅の建設やコミュニティーの再建などの経験を，そのままあてはめるわけにはいかなかった。

　家政学は家庭経営，被服，住居，食物，児童，ジェンダーなどを生活者の視点から総合的に考察する学問領域であり，これらは被災地の人々が直面している課題でもある。そこで，(一社)日本家政学会は，大震災直後の生活上の困難状況，ならびに復興に取り組む中での生活上の課題を明らかにし，家政学から生活支援体制を確立すると共に，今後の生活のあり方を追求するための「東日本大震災日本家政学会生活研究プロジェクト」を立ち上げた。

　石巻専修大学は被災地の最前線に位置しており，震災当日から支援活動を開始した。2011年3月末には，石巻専修大学は被災地の復旧と復興に資する事業を進めるための「復興共生プロジェクト」を開始していた。

　このような状況の下で，(一社)日本家政学会と石巻専修大学は2011年5月に協定を結び，家政学の幅広い研究領域に基づく上記生活研究が石巻専修大学を現地基地として始まった。

　この生活研究プロジェクトは学会からの研究費支援の他，科学研究費「東日本大震災後のコミュニティの生活再建プロセスにみる課題解決の方法」(代表坂田隆，平成24年度～28年度) および「震災被災者の復興過程で生ずる生活問題へのアクションリサーチ法による解決方法の追求」(代表大竹美登利，平成25年度～27年度) によって支援され，着実に進んでいる。

　当初は被災地域の人々との信頼関係を築くことを先行させ，その過程で長期的な調査・研究の課題が明らかになってきた。また，家政学会と石巻専修大学

のさまざまな領域の研究者が，自らの専門を越えて活動を行っている．このようなプロジェクトの，第一段階の成果として震災後2年半の活動をまとめ，社会の皆様に広く伝えることを企図して本書を発行することとした．

　本研究にあたっては，研究の趣旨をご理解頂き応援して下さった石巻市亀山紘市長，東松島市阿部秀保市長，またお忙しい時間を割いてインタビューに応じて下さったボランティア団体の方々，調査に協力して下さった被災者の皆様，ほか多くの方々にご協力いただきました．これらの協力があったおかげで本書を編むことができました．ご協力いただいた方々に心よりお礼申し上げます．また建帛社社長筑紫恒男氏には，本書出版をご提案いただき，内容につきましても客観的な視点でご助言いただき，ご尽力いただきました．心より感謝申し上げます．

　今後の活動を進める上で，本書を役だてていただければ幸いです．

　2014年4月

責任編集者　大竹美登利

坂田　　隆

目　　次

序章　日本家政学会東日本大震災生活研究プロジェクトスタート〔大竹美登利〕

1. 東日本大震災年の日本家政学会の取り組み ……………………………… 1
   (1) 東日本大震災直後の日本家政学会の対応……………………………… 1
2. 東日本大震災に関するシンポジウムの開催 ……………………………… 3
   (1) 2011年和洋女子大学大会　緊急企画シンポジウム「東日本大震災後の生活研究プロジェクト（仮称）発足に向けて」…………………… 3
   (2) 2012年大阪市立大学第64回日本家政学会でのシンポジウム ……… 4
      1)「地域における防災・減災への取り組み―東日本大震災に学ぶ」…… 4
      2)「災害に向けての支援―家政学に期待すること」………………… 5
   (3) 2012年国際家政学会メルボルン大会での単独のシンポジウム開催… 5
3. ブックレットの発行 ………………………………………………………… 7
   (1) 震災に備えて―家政学からの提言……………………………………… 7
   (2) 炊き出しのための衛生マニュアル……………………………………… 7
4. 生活研究プロジェクトの発足 ……………………………………………… 9
   (1) 石巻市を対象とした生活研究プロジェクトの発足…………………… 9
   (2) 石巻市長，東松島市長の研究開始報告ならびに石巻専修大学との協定締結…………………………………………………………………… 12

第1章　石巻市の被災状況と石巻専修大学の取り組み

1. 石巻市の被災と避難の状況 ………………………………〔中島明子〕… 15
   (1) 被災前の石巻市………………………………………………………… 15
   (2) 2011年3月11日―被災 ………………………………………………… 17

（3）避難初動期——避難所……………………………………………… 21
　　　（4）仮設住宅，民間借上げ住宅（みなし仮設住宅）……………… 22
　　　　　1）石巻市の応急仮設住宅 ……………………………………… 23
　　　　　2）福祉仮設住宅とグループホーム …………………………… 24
　　　　　3）仮設住宅のコミュニティ …………………………………… 25
　　　　　4）みなし仮設住宅 ……………………………………………… 27
　　　　　5）仮設住宅，みなし仮設住宅居住者への支援……………… 27
　　　（5）被災地のこれから…………………………………………………… 29
　2．阪神・淡路大震災との比較 ……………………………………〔宮野道雄〕… 30
　　　（1）被災状況および避難行動の比較…………………………………… 30
　　　（2）避難所生活における問題の比較…………………………………… 32
　　　（3）応急仮設住宅における避難生活の問題…………………………… 33
　3．東日本大震災後の石巻専修大学の活動 ……………………〔坂田　隆〕… 35
　　　（1）東日本大震災後の復旧・復興と石巻専修大学…………………… 35
　　　（2）地域との連携の歴史………………………………………………… 36
　　　（3）石巻専修大学の被災の概況………………………………………… 38
　　　（4）発災直後の対応……………………………………………………… 38
　　　　　1）安否確認 ……………………………………………………… 40
　　　　　2）入学試験 ……………………………………………………… 41
　　　　　3）学事暦の変更 ………………………………………………… 42
　　　（5）復興共生プロジェクト……………………………………………… 43
　　　（6）地域復興拠点としての石巻専修大学……………………………… 51

第2章　ボランティアの生活支援活動からみる被災者の生活実態

　1．石巻復興支援協議会のボランティア活動 ……………………〔生田英輔〕… 53
　　　（1）東日本大震災におけるボランティア活動………………………… 53
　　　　　1）災害ボランティア …………………………………………… 53

　　　　2）災害ボランティアセンターの概要 …………………… 54
　　　　3）東日本大震災における災害ボランティアセンター …… 55
　　　　4）NGO/NPOなどによる災害ボランティア活動 ……… 56
　　(2) 石巻災害復興支援協議会 ……………………………………… 57
　　　　1）発災直後の災害ボランティア活動 ………………………… 57
　　　　2）石巻復興支援協議会の活動 ………………………………… 59
2. ボランティア団体へのインタビューからみる生活復興過程
　　　……………………………………………………〔萬羽郁子〕… 65
　　(1) ボランティア団体へのインタビュー調査の概要 …………… 65
　　(2) 復旧・復興フェーズおよびニーズの変化 …………………… 67
　　　　1）緊急期：直後～数日後 ……………………………………… 67
　　　　2）復旧期Ⅰ：数日～6か月後 ………………………………… 68
　　　　3）復旧期Ⅱ：6か月～1年後 ………………………………… 69
　　　　4）復旧期Ⅲ：1～2年後 ……………………………………… 73
　　　　5）復興期：2年後～ …………………………………………… 74
3. 生活課題対応型の支援からみる被災者ニーズ ………〔加藤浩文〕… 77
　　(1) 生活課題対応型の支援 ………………………………………… 77
　　　　1）移動支援 ……………………………………………………… 77
　　　　2）子ども支援，学校支援 ……………………………………… 78
　　　　3）コミュニティ形成支援 ……………………………………… 80
　　　　4）雇用支援，起業支援 ………………………………………… 81
　　　　5）健康支援，心のケア ………………………………………… 82
　　(2) 今後の支援のあり方 …………………………………………… 82
4. 子ども支援活動からみる子どもの生活環境の課題 …〔吉井美奈子〕… 85
　　(1) 子ども関連の被害 ……………………………………………… 85
　　(2) 被災した子どもたちが置かれた状況 ………………………… 86
　　(3) 子ども支援活動へのきっかけ ………………………………… 87
　　(4) 子ども支援活動の特徴 ………………………………………… 89

1) 子どもへの支援……………………………………………………… 90
　　　2) 保護者への支援……………………………………………………… 91
　　　3) 学校・教職員への支援……………………………………………… 92
　(5) 被災地で増える虐待とその要因………………………………………… 93
　(6) 被災したことで浮き彫りになった問題………………………………… 94
　(7) 望まれる継続的な支援…………………………………………………… 95

第3章　日本家政学会による支援活動

1. 生活支援活動としての料理教室・手芸教室・子育て教室の取り組み… 97
　(1) 生活支援活動としての料理教室………………………〔野田奈津実〕… 97
　　　1) 第1回「つなげていこう 宮城の味」(おくずかけ，ずんだ餅)…… 98
　　　2) 第2回「つなげていこう 宮城の味―郷土の秋の魚を食べよう」
　　　　(はらこ飯，松葉汁)………………………………………………… 99
　　　3) アンケート結果より………………………………………………… 101
　　　4) 料理教室を終えて…………………………………………………… 101
　(2) 生活支援活動としての手芸教室………………………〔久慈るみ子〕… 102
　(3) 生活支援活動としての子ども支援にかかわる取り組み
　　　………………………………………………………〔浜島京子〕… 104
　　　1) 講演会「被災地の子どもたちに寄り添って」の開催……………… 104
　　　2) 親子料理教室の開催………………………………………………… 107
　(4) 支援活動からみえてきた被災者の生活課題………〔佐々井啓〕… 110
　　　1) 料理教室参加者……………………………………………………… 110
　　　2) 手芸教室参加者……………………………………………………… 111
　　　3) 子ども支援…………………………………………………………… 112
2. NGOピースボートによる炊き出し支援の献立分析と提案
　　　…………………………………………〔奥山みどり，小川宣子〕… 113
　(1) ピースボートによる炊き出し支援……………………………………… 113

(2) 献立データの内容……………………………………………… 114
　　(3) 献立分析……………………………………………………… 116
　　　　1) 食材の使用状況…………………………………………… 116
　　　　2) 一食当たりの料理の品数………………………………… 118
　　　　3) 季節的配慮………………………………………………… 120
　　(4) 栄養評価……………………………………………………… 121
　　　　1) 主食，副菜，主菜，牛乳・乳製品，果物の充足率……… 121
　　　　2) エネルギーの充足率……………………………………… 124
　　(5) 献立の提案…………………………………………………… 126
　　　　1) 課題 ……………………………………………………… 126
　　　　2) 課題に対する献立提案…………………………………… 128

第4章　仮設住宅居住者の生活実態

1. 石巻市街地の仮設住宅居住者の生活実態―住民へのアンケート調査
　からみる居住者の実態 ……………………………〔山崎泰央〕… 131
　　(1) 調査の目的と調査対象の特徴……………………………… 131
　　(2) 仮設住宅の住み心地について……………………………… 132
　　(3) 住民間の交流について……………………………………… 134
　　(4) 今後の生活再建について…………………………………… 135
　　　　1) 仮設住宅からの移転時期………………………………… 135
　　　　2) 移転先に求める条件……………………………………… 136
　　　　3) 災害公営住宅への移転とコミュニティ ………………… 137
　　(5) 仮設住宅の課題―次の災害に備えて……………………… 138
2. 石巻市郡部地域に居住する被災者の生活状況に関する調査
　　…………………………………………〔李　東勲，石原慎士〕… 141
　　(1) 郡部地域における被災者の生活…………………………… 141
　　(2) 仮設住宅居住者に対する調査……………………………… 142

1）調査概要……………………………………………………………… 142
　　　2）生活状況に関する調査結果 ………………………………………… 144
　　　3）生活の利便性に関する調査結果 …………………………………… 146
　（3）在宅被災者に対する調査……………………………………………… 149
　　　1）調査概要 ……………………………………………………………… 150
　　　2）生活状況に関する調査結果 ………………………………………… 151
　　　3）生活の利便性に関する調査結果 …………………………………… 153
　（4）郡部地域の被災者に対する今後の支援について…………………… 157

第5章　支援を通しての今後の展開　　　　　〔大竹美登利〕

　（1）石巻市での取り組み…………………………………………………… 159
　（2）2年間の活動でわかったこと ………………………………………… 160
　（3）仕事創造の支援へ……………………………………………………… 162

序章　日本家政学会東日本大震災生活研究プロジェクトスタート

1．東日本大震災年の日本家政学会の取り組み

（1）東日本大震災直後の日本家政学会の対応

　東日本大震災が起こった3月は，5月に予定されていた一般社団法人日本家政学会（以下，日本家政学会とする）の研究発表大会・総会に向けて，予算決算や事業報告書，事業企画書の作成をしている時期であった。学会事務所のある東京でも揺れで物が落ちたり，交通機関が麻痺し帰宅困難者が大量に発生したりし，またその後しばらくガソリン不足や飲料水・食糧の品薄など東北とは違う意味で被災しており，住民は疲労困憊していた。しかし，予想を超える大被害の情報が入るにつれ，被災地に居住する学会員の被災状況が尋常でないことがわかってきた。そこで，日本家政学会ではホームページに以下のお見舞い

　亡くなられた方々のご冥福をお祈り申し上げますとともに，被災された多くの皆様に，心よりお見舞いを申し上げます。
会員の皆様へ
　被災された会員の皆様に心よりお見舞い申し上げます。また，被災地以外にお住まいの会員におかれましても，今回の震災に関しては強く心を痛めておられることと存じます。早い復興のために，生活科学を専門とする皆様の智慧を集め，学会としても行動して行きたいと存じますので，情報などをお寄せ頂ければ幸いです。

を掲載し，また被災地の会員のために，とりあえず家政学会で行える支援をすることとした。

　その一つが，被災証明のある会員の大会参加を無償にすることであった。直前に迫った大会に参加・報告の準備をしていた被災者が参加しにくいなどの問題を少しでも解決できる研究活動支援として決定し，ホームページなどで周知を図った。数名であったが該当者が大会に参加してくださり，学会らしい一定の貢献ができたと思う。

　さらに，東日本大震災生活研究プロジェクトを組織し，3つの取り組みを行うこととした。1つには大会でのシンポジウムの開催，2つには家政学の蓄積を生活復興に活かすための情報の提供としてのブックレットの作成，3つには生活研究の取り組みである。生活視点に立った震災に関する研究は阪神・淡路大震災での蓄積があり，それをふまえた本学会ならではの研究を目指した。

2. 東日本大震災に関するシンポジウムの開催

シンポジウムは，和洋女子大学で行われた第63回大会と，大阪市立大学で行われた第64回大会，メルボルンで行われたIFHE（国際家政学会）の3回行った。

（1）2011年和洋女子大学大会 緊急企画シンポジウム「東日本大震災後の生活研究プロジェクト（仮称）発足に向けて」

このシンポジウムでは，宮野道雄氏（大阪市立大学），岸本幸臣氏（羽衣国際大学），坂田　隆氏（石巻専修大学）の3人のシンポジストが登壇した。

宮野氏は，東日本大震災後に大阪府立大学で阪神・淡路大震災の研究蓄積をふまえて設立された防災対応研究プロジェクトを紹介し，また岸本氏は阪神・淡路大震災後から10年以上にわたって継続して行われている生活を見据えた研究成果について報告した。さらに坂田氏は，石巻専修大学を拠点とし石巻市などと連携した復興共生プロジェクトを立ち上げることを報告した。

石巻専修大学は3月11日の津波から逃れた被災者を緊急で受け入れ，そのまま市が移転を決定した4月末まで，避難所として多くの被災者の受け皿になった。また，多目的グラウンドには復興支援ボランティアの人々や自衛隊がテントを張って活動とするなど，「奇跡の石巻ボランティア組織」（中原一歩，2011）といわれた災害支援活動の拠点となった。奇跡は突然起こったことではなく，大学は設立当初から市と深くかかわっており，したがって地域貢献を意識して常に活動していたことから，多くのボランティアが一か所に集まって活動できる条件が整い，それがボランティア同士の連携を生み，奇跡が起こったのでは

図1　和洋女大学でのシンポジウム

ないかと思われる。こうした大学の強みを生かして行政やボランティアを有機的につなぐ復興共生プロジェクトが石巻専修大学に開設されたのである。

(2) 2012年大阪市立大学第64回日本家政学会でのシンポジウム

2012年の日本家政学会大会ではパネルディスカッションとシンポジウムの2つを行った。1つは大会開催校である大阪市立大学主催の防災・減災に関するパネルディスカッション，もう1つは学会に発足した生活研究プロジェクト主催の被災地石巻の災害復興に携わる人々からの発信のシンポジウムである。

1)「地域における防災・減災への取り組み—東日本大震災に学ぶ」

1995年1月に発生した阪神・淡路大震災では，関西支部の家政学会員からの提案により「阪神・淡路大震災調査研究特別委員会」が5月に発足し，関西地域の会員を中心に研究が行われた。大阪市立大学の住居学科には住居防災の専門家もおり，阪神・淡路大震災以後，こうした研究の担い手として取り組んできた歴史もある。これらの研究蓄積もふまえて，阪神・淡路大震災や中越地震，東日本大震災など広域複合災害の研究を蓄積していた。これらの研究蓄積に基づいて行われたディスカッションでは，モノと人の生活基盤のすべてが失われる広域複合災害の場合，被災者の命を守る仕組みや防災都市づくりにはモノの供給やハードの構築だけでなく人のつながりが重要であり，そのためのコミュニティづくりが鍵になることが明示された。

シンポジウム「地域における防災・減災への取り組み—東日本大震災に学ぶ」
第1部　基調講演　重川希志依（富士常葉大学）
第2部　パネルディスカッション
　　コーディネーター：宮野道雄（大阪市立大学）
　　パネラー：重川希志依（富士常葉大学）基調講演者
　　　森　一彦（大阪市立大学）「被災者の命を守り支援する仕組みづくり」
　　　加藤　司（大阪市立大学）「防災都市形成とコミュニティの再構築」
　　　重松孝昌（大阪市立大学）「広域複合災害の実態とその対応策」

2) 「災害に向けての支援─家政学に期待すること」

　家政学会生活研究プロジェクトの取り組みによるシンポジウムは，石巻圏域で支援の最前線に立っている方々がシンポジストとして登壇し，毎日が闘いの連続である被災地での支援活動の実態を生々しく語った。それらの活動は，想像を絶する大規模災害において，熱い思いを抱いて被災地に駆けつけた多くの人々の活動を組織し現地のニーズにつなげていく冷静なコーディネートシステムに寄与するものであった。こうしたコーディネートシステムの重要性，また，全国の心ある方々の支援を被災者の必要に適合させた統制システムの重要性が確認できた。

シンポジウム「災害に向けての支援─家政学に期待すること」
コーディネーター：坂田　隆（石巻専修大学学長）
シンポジスト
　阿部秀保（東松島市長）　　　「行政の立場から」
　山本　隆（NGOピースボート）「ボランティアの立場から」
　秋元健二（セカンドハーベスト・ジャパン）「食の立場から」

---

(3) 2012年国際家政学会メルボルン大会での単独のシンポジウム開催

　また，4年に1度開催される国際家政学会（IFHE）大会が2012年メルボルンで開催された。日本の大震災の状況をふまえて生活研究の重要性を世界の人々に伝えるよい機会と考え，家政学関連学会と協働でIFHE実行委員会にシンポジウム開催を提案し，「3.11東日本大震災から何を学ぶか？ 持続可能な生活とは何か，それに向けて何ができるか」と題したシンポジウムが実現した。
　大竹から震災の状況，ならびに物資不足の中でパニックにならず慎ましやかに生活をしていた様子を，宮野氏からは津波による被害状況を，佐々井氏からは被服のリサイクルをはじめとする持続可能な衣生活の提案を，杉山氏からは被災直後の食糧の確保の問題を，伊藤氏からは震災によって傷ついた多くの児童への対応の必要性を，荒井氏からは震災後に学校教育で被災者支援や震災教

育の実情が報告された。

　こうしたシンポジウムを通じて，①弱者として犠牲になりやすい子どもや高齢者が安全で安心して暮らしていける環境を整えること，②必要最低限の生活を保障する持続可能なライフスタイルの構築の重要性，特に，安全で栄養バランスのとれた基本的な食べ物，暑さ寒さをしのぎ衛生的で健康を保障する衣服，安眠や安全，プライバシーを守る住まい，最低限の生活を支える収入保障，③家族や地域の人々の結びつきがリスクを回避し生活を安定させる．強者が独り占めするのではなく，弱者も含めてみんなで分け合い助け合うスタイルといった，新たな持続可能な生活スタイルが提案できたといえる．

What Did We Learn from the 3-11 Disaster and How Do We Need to Reconsider a Sustainable Life? (3.11東日本大震災から何を学ぶか？持続可能な生活とは何か，それに向けて何ができるか)

コーディネーター：大竹美登利（東京学芸大学）

シンポジスト

　宮野道雄（大阪市立大学）"Damage and recovery from the recent tsunami"
　佐々井啓（日本女子大学）"Sustainable living：clothing"
　伊藤葉子（千葉大学）"Sustainable society and communities for child well-being"
　杉山久仁子（横浜国立大学）"The ability to critically analyze information regarding food and make good dietary choices"
　荒井紀子（福井大学）"The 2011 east Japan earthquake and home economics education"

3. ブックレットの発行

　生活研究プロジェクトとしての2つ目の取り組みは，家政学の蓄積をふまえた震災に対応する生活のあり方の提案で，ブックレットという形で発信した。

（1）震災に備えて─家政学からの提言
　東日本大震災は，地震規模の大きさもさることながら，津波や原子力発電事故などの複合的な災害が避難生活を長期化させ，これまでと違った備えが求められることを認識した。また，被災地が広範囲であり，大都市の帰宅難民が生まれるなど多様な被災があり，一つの備えでは不十分で，それぞれの場面に合わせた備えが必要であることにも気づかされた。そこで，地震や暴風雨などの災害で長期化する避難生活に焦点化して，どのような備えをしておく必要があるかを，手軽なブックレット形式で提案することにした。
　特徴は，誰が見てもすぐわかるようにポイントを3つ程度にまとめ，絵で示したことである。そこでは，食べ物の備えはどうすればよいか，衣服の備えはどうするか，水の備えはどうするかなどを見開き1ページにわかりやすいイラストで表し，その科学的根拠の説明も載せた。

図2　ブックレット『震災にそなえて』

（2）炊き出しのための衛生マニュアル
　石巻市で活動していたピースボートが，『震災にそなえて』のブックレットをボランティアの研修会で活用してくれた。ピースボートでは，災害や紛争で被災された世界中の人々の支援を行っていたが，炊き出し支援マニュアルの国

際基準は発展途上国を念頭につくられており，日本の実情に合った炊き出しマニュアルが必要であると考えていた。そこで，ピースボートから日本家政学会へ，日本版炊き出し基準のブックレットの作成の提言があった。これを受けて震災シリーズ第2弾として，『炊き出し衛生マニュアル』（代表著者岸本満）を作成することにした。

　被災地の炊き出しは，大量調理の専門家でない多くのボランティアがかかわり，とりあえず食べられればよいと衛生環境は二の次になりがちである。しかし，被災者には体力や免疫力が低下している人や乳幼児や高齢者など体力的弱者も多く，よりいっそう衛生的な食事の提供が求められる。また，被災地での調理環境は，家庭や業務厨房とは大きく異なり，給排水設備がない，冷蔵庫がないなど食中毒のリスクが高い。そこで大量調理の経験のない人にも食中毒の基礎知識と具体的な衛生管理の手順や方法のポイントを一目でわかるようにイラストで解説した。

4. 生活研究プロジェクトの発足

(1) 石巻市を対象とした生活研究プロジェクトの発足

　生活をその研究対象とする日本家政学会では，東日本大震災後に最も重要なことは，元の生活環境に戻り安定して安心した生活に復興することであり，学会はその復興に貢献することが第一の使命と考えた。

　またある名誉会員から，東日本大震災の研究で使ってほしいと100万円のご寄付をいただいた。これを初年度の研究費にあて，生活研究プロジェクトを発足させることとした。なお，またその発足にあっては，以下のように，会員から研究員を募った。

「東日本大震災日本家政学会（JSHE）生活研究プロジェクト」の発足と研究員募集

　未曾有の東日本大震災では，緊急対処ならびに復興に向けた取り組みが進む中で，生活を主軸に考えていくことの重要性が改めて認識されます。日本家政学会では，阪神淡路大震災で生活を中心とした震災に関した研究に取り組みました。今回の大震災を受けて，2011年の大会で，緊急シンポジウム「東日本大震災生活研究プロジェクト発足に向けて」を開催したところですが，これを受けて，学会では，以下の研究の目的に記したような生活研究プロジェクトを立ち上げることにいたしました。つきましては，本プロジェクトにご参加いただいて研究を推進してくださる研究員を募集します。特に若い方に積極的にご応募くださいますようお願い申し上げます。

研究の目的：宮城県石巻市の被災地域のコミュニティ2～3の住民を対象に，聞き取り調査，アンケート調査等を通じて，大震災直後の生活上の困難状況，ならびに復興に取り組む中での生活上の課題を明らかにし，家政学からの生活支援体制を確立するとともに，今後の生活のあり方を追求する。
対象地域：学会員である石巻専修大学学長坂田氏のご協力を得て紹介していただく石巻市のコミュニティ

研究期間：本年から約10年間の予定
研究組織：本学会の規定に則って，特別研究委員会とする。
　　　　　委員長・大竹美登利（学会長）
　　　　　・小川宣子，佐々井啓，中島明子（以上副会長）
　　　　　・宮野道雄（大阪市立大学　次期大会実行委員長），岸本幸臣（羽衣国際大学学長），坂田　隆（石巻専修大学学長）
　　　　　・募集による研究員

　なお，2012年度からは，公募した研究員を主軸に科学研究費をもらって取り組んでいる。一つは「東日本大震災後のコミュニティの生活再建プロセスにみる課題解決の方法」（代表坂田隆，2012～2016年），一つは「震災被災者の復興過程で生ずる生活問題へのアクションリサーチ法による解決方法の追究」（代表大竹美登利，2013～2015年）である。
　研究対象地域は，福島県ではなく宮城県石巻市とした。それには2つの理由がある。1つは石巻市が，東日本の被災地の中で死者・行方不明者が最も多く，被災状況が最も大きかったことである。
　今回の三陸沖を震源とする東北地方太平洋沖地震は，マグニチュード9.0を観測し，国内観測史上類をみない規模であり。4月7日には，宮城県沖を震源とするマグニチュード7.1の規模を示す最大余震が発生し，石巻市でも本震と同レベルとなる震度6強の強い揺れを観測している。
　北海道から千葉県にかけて発生した大津波は，1886年，1933年の三陸地震津波，1960年のチリ地震津波をしのぐ規模であり，岩手県から宮城県牡鹿半島までの三陸海岸で10～15m前後，仙台湾岸で8～9m前後の浸水高と推定され，石巻市沿岸においては，石巻市鮎川検潮所で津波最大波8.6m以上を観測している。
　人的被害は死者・行方不明者を合わせると，全国で約20,000人，そのうち石巻市の死者・行方不明者数の合計は3,954人（2011年10月3日午前8時の時点で死者3,237人，行方不明者717人）で，市の人口の約2％，全国の人的被害の約20％にあたる。また石巻市では約11万人以上が避難生活を強いられ

た。市区町村単位でいえば，石巻市の人的被害は最大級であったといえよう。

2つには石巻の災害支援の中核的役割を果たした石巻専修大学の学長が家政学会会員であり，共同研究を申し出てくれたことである。

今回の被災は地震による地盤の崩れや家屋倒壊に加え，津波による町の流失，また原子力発電所の爆発による放射能汚染という，三重苦の複合的被災という特徴がある。原発を含む複合的被災という典型の地域で，その生活復興の課題を扱うことは，今回の被災状況から最も重要であろう。しかし一方で生活研究はどうしてもプライバシーの一部に踏み込んで研究することが必要となる。コミュニティとの関係がまったくない地域で生活研究を行うことは困難であるばかりでなく，対象者にも不快な思いをさせる可能性がある。石巻の場合は，石巻専修大学がすでに地域と深くつながった研究活動を推進しており，これらの活動と協働して研究ができる基盤があった。

3つには，石巻市は大規模被災ゆえに都市型の大規模仮設住宅を建設し，元のコミュニティを考慮することなく入居せざるをえなかった地域という特徴をもつ。阪神・淡路大震災の教訓から，仮設住宅への入居は元のコミュニティを崩さずに行うことが望ましいといわれている。しかし，石巻市では多数の仮設住宅を早急に用意し緊急性の高い住民から入居させる必要があった。巨大な仮設住宅団地が建設され，元のコミュニティを考慮，調整するゆとりもなく入居の優先順位と抽選により，多様な地域から見ず知らずの人が雑多に入居する状況に陥った。そのため当初は仮設住宅の住民間のトラブルも多く，コミュニティ形成が大きな問題となっていた。

こうしたことから，石巻市は大地震と大津波による大規模な複合的災害という今回の震災の被害が集約している典型的な場所ととらえられる。

本研究では日本家政学会と石巻専修大学が連携し，石巻専修大学を拠点に活動している石巻災害復興協議会の協力を得ながら，生活の復興，再建のプロセスを明らかにしようと考えた。そこで，被災地で復興に向けた研究に取り組んでいた石巻専修大学と協定を結び，本研究プロジェクトがスタートした。

（2）石巻市長，東松島市長の研究開始報告ならびに石巻専修大学との協定締結

　上述したように，生活研究には地域との関係づくり，受け入れ体制の整備が重要である。実際に現地では，震災直後から被災者への実態把握，ニーズ把握の調査が大量に行われ，住民は調査疲れを起こし，拒否反応があるとの話も聞こえてきた。プライバシーにかかわる生活研究は，住民との信頼関係をつくったうえで，初めて成り立つことから，信頼関係をつくることが必要である。

　そこで，研究をスタートさせるにあたって，石巻市長ならびに隣接する東松島市長を訪問して研究の趣旨を説明し，協力を依頼した。さらに日本家政学会と石巻専修大学との間で研究協定書を結んだ。

　はじめに石巻市長，東松島市長に会い，行政として，日本家政学会の研究活動に期待していることをうかがった。震災から6か月たった9月であったにもかかわらず，市長はじめ市役所職員は，震災後ほとんど休日返上で目の前の緊急性の高い被災者への対応をするに精一杯の状況であった。そうした中では，今の状況にどのような課題があり，今後どうすべきかといった政策提言につながる実態把握や分析をしている状況ではなかった。

　一方石巻では，多くのボランティアが生活再建に向けた個々人の生活と密着した活動をしていた。その人たちから，被災者の生活の状況を聞き取ることで，かえって客観的に，住民の実態や課題を明らかにすることができることがわか

図3　協定書の締結

った。大量に流れ込んでくるボランティアを実際の支援活動に振り分けることで，必要なニーズに必要な提供が行える。そうした仕組みがないとボランティア公害に陥る。石巻ではその中心的役割を果たし，石巻の奇跡に導いたキーパーソンである，ピースボートの代表者と話す機会を得た。生活復興・再建の研究で，学会がすべきことを聞いた結果，ボランティアの人たちも，毎日のさまざまな生活課題に応えるだけで精一杯で，自分たちの活動を客観的に分析してその経験を次の世代に継承していくゆとりもなく，誰かがそうした研究分析をしてくれることを切に望んでいたことがわかった。

　一方，外部の人が来て表面的なデータを取っていくが，その結果が自分たちの生活復興に何ら還元されない調査に，住民はいら立ち，拒否反応も起こしていた。これらをふまえて，学会としては，仮設住宅入居者を調査対象者として位置づけるのでなく，生活再建をともに担う協働者としてかかわりながら，そのコミュニティの生活変化をとらえていくことにした。

　実際には，最初は被災者への直接の調査は行わず，石巻専修大学の近隣に広がる仮設住宅で住民との調理教室や手芸教室などの活動を行って住民との関係をつくりながら，一方で支援に入っているボランティアへのインタビューを通じて，被災者の生活状況を把握する方法をとった。例えば，ピースボートや石巻復興支援協議会，ふるさと復興協議会など，現地で活動している多数のボランティア団体に，行っている活動の内容や，震災後からこれまでの取り組みの変化，課題などを聞いた。こうした聞き取りの中で，ボランティア活動で大量に蓄積されているデータの分析に協力してくれれば，被災地の生活復興の課題が明らかになり，今後の活動に生かすことができるとの依頼があった。また，お互い知らない同士の仮設住宅の住民がつながり合う場面として，手芸や調理などの教室の開催などを提供してほしいとの依頼もあった。

　これまでの研究活動から，大きく，①被災直後，②避難所生活期，③仮設住宅入居後の時期に分けられ，それぞれで生活ニーズが違っていることが明らかになった。①震災直後には数日は食べ物，着る物などの生活物資が不足したこと，互いの被災状況がわからない不安があった。②その後の避難所生活では，

衣食に必要なものが届き始めたが，必要な人に必要なものが渡らない問題や，寒さ・暑さの調整ができない，風呂や洗濯が不自由，熟睡できないといった住環境の課題などがあった。③仮設住宅入居後では，狭小，寒暖や湿気などの住環境の問題，移動手段の不足やコミュニティ形成がうまくいかない問題，高齢単身女性の世帯が多い問題などが明らかになった。

　以下の章では，これらの取り組みから明らかになった被災地の生活課題やその実態を紹介する。

参考文献

・中原一歩：奇跡の災害ボランティア「石巻モデル」，朝日新聞出版，2011．

第1章 石巻市の被災状況と石巻専修大学の取り組み

1. 石巻市の被災と避難の状況

　2011年3月11日14時46分，日本の観測史上最大の三陸沖を震源とするマグニチュード9.0の巨大地震が発生した。その日，学校では卒業式を挙行していたところも少なからずあり，また地震発生時には，多くの人が仕事に出ている時間でもあった。地震直後の午後2時49分には大津波警報が市内に響き渡り，それから1時間もしないうちに真っ黒で巨大な津波が繰り返し石巻を襲った。

　宮城県第2の都市である石巻市は，東日本大震災における死者・行方不明者数最大の被災自治体である。3年近くたった2014年現在，ヘドロの異臭が漂っていた被災直後の頃からみれば，主な地域でのがれきの撤去が終わったものの，沿岸部の津波による被災地域や市街地中心部の浸水地域には，損壊した建物がそのまま残る一方，被災建物を撤去した空地が目立ち始め，地震と津波による被災の爪痕は見る者の心を締めつける。

　本節では，本書全体の背景となる石巻市の被災状況と避難状況について述べる。被災地の状況は刻々と変化しており，ここでは主に2013年10月までを追跡した。

（1）被災前の石巻市

　被災前，石巻市は製造業と水産業を基幹産業とし，水産加工業と養殖業が盛

んな地域であった。牡鹿半島を中心とする三陸の豊かな漁場を抱え，全国第3位の水揚げを誇っていた。平野部は県内有数の穀倉地帯であり，加えて園芸作物や畜産業が主要産業となっている。また，食料品，木材・木製品，飲料・たばこ・飼料，パルプ，紙・紙加工品など，宮城県内の出荷額第2位の多様な製造業があるのも特徴である。しかし，東北の他の都市と同様，中心市街地における事業所，小売業の低迷が続き，震災前の大きな課題となっていた[*1]。

人口は2011（平成23）年3月1日の時点で160,384人，宮城県内第2位の都市である[*2]。石巻市でも年少人口の減少と高齢化が進み，特に牡鹿半島部や雄勝地区の高齢化率は高く，実に4割前後となっていた。このため，漁業・水産加工業および農業の一次産業分野では，担い手の高齢化と後継者問題が深刻な状況であった。

平成の市町村大合併では，2005年に旧石巻市は河南町，桃生町，河北町，北上町，雄勝町，牡鹿町の1市6町の合併を果たし，人口は一挙に48,000人以上増加となった。震災の6年前である。それまでの町役場は石巻市の6つの総合支所になり，2,000人いた職員数は400人減少し，これが震災発生後，石巻市の対応を難しくした理由の一つといわれている[*3]。

石巻を含む三陸地方は，1896（明治29）年の明治三陸津波により宮城県下で3,452人，1933（昭和8）年の三陸津波では315人の犠牲者を出し，戦後の1960（昭和35）年のチリ地震による津波も経験してきた。石巻にはそれを記した石碑などが多く残っている。そして，東日本大震災前年の2010年2月にも，チリ地震による津波が発生し，震災2日前の3月9日には震度5の地震があった。

このような事情を背景として，東日本大震災―巨大地震と巨大津波が石巻を襲い，甚大な被害をもたらしたのである。

---

*1：石巻市「石巻産業振興プラン」2007年
*2：石巻市「石巻の復興状況について」2013年10月
*3：岡田知弘，自治体問題研究所編『震災復興と自治体―人間復興へのみち』自治体研究社，2013, pp.65-86

(2) 2011年3月11日─被災

　2011年3月11日，マグニチュード9.0の地震に続いて津波が発生した。津波の高さは気象庁発表で，牡鹿半島先端の鮎川で最大8.6 mとある。実際には地形によって異なり，牡鹿半島の谷川浜(やがわ)で25.8m，雄勝町雄勝味噌作(みそさく)で21.4mと驚くべき津波の高さを記録している[*1]。

　前述したように，石巻ではこれまでたびたび大きな津波被害を受けてきた。しかし津波の高さは，明治三陸津波では2.5 m，昭和三陸津波では雄勝町で10 mであったものの，牡鹿半島をはじめ他の地域では5 mを超えず，1年前のチリ地震でも市域では0.7 m程度であった。そのような経緯から，地震の揺れの後に一刻も早く高台に逃げた人がいたものの，直後に出た津波警報の予想津波高が「6 mの津波」だったこともあり，今回の地震でもこれまでの津波高を超えることはないと思った人は少なくなかった。1960年のチリ地震を経験していた人も多く，そのときの津波の速度が遅く，歩いて逃げることができたという経験が，今回の津波に対する楽観的な見方をもたらしたともいわれる[*2]。

　津波は数回にわたり沿岸部を直撃し，北上川，旧北上川を遡上し，広い地域にわたり建物・施設を破壊し尽くした。それだけではなく，地震による地盤沈下もあり，中心市街地の全域，市内の13％，平野部の約30％が浸水し（図1-1）[*3]，ヘドロと重油とがれきに覆われた状態が1週間近く続いた。石巻市役所は震災のほぼ1年前に，石巻駅前の閉店したさくらの百貨店跡に移転していたので，大きな被害は免れたが，1階は1 m以上冠水して孤立した。

　津波に伴う大規模な火災も発生している。沿岸部の南浜町と門脇町(かどのわき)では，高さ16 mの津波により工場から流れ出た油から火災が発生し[*4]，3日間にわ

[*1]：『大津波襲来・東日本大震災　ふるさと石巻の記録　空撮 3.11 その前・その後』三陸河北新報社，2011.
[*2]：豊島富美志『3.11 あの日から』特定非営利法人難民を助ける会，特定非営利法人ピースプロジェクト，2013，p.50および豊島氏へのインタビュー（2013年10月13日）による
[*3]：図1-1 ～ 3は，生田英輔作成。
[*4]：http://photo-miyagi.com/311/minamihama.htm　東日本大震災宮城県地区被害情報，石巻市南浜町・門脇地区

たって燃え続けた。

　この筆舌し難い災害は，第2次大戦後における最大の犠牲者をもたらした。2013年10月10日の警察庁発表によると，全国の死者15,883人，行方不明者2,652人であった。石巻市では，死者3,162人，行方不明者438人で，大半は津波による溺死である。死者・行方不明者数は石巻市の人口の2.2%，宮城県全体の死者の約34%を占め，石巻市は東日本大震災による死者・行方不明者数が最も多い自治体となった（図1-2）。加えてその後の避難生活や環境によって死亡した災害関連死者数は249人を数え[*1]，その多くが65歳以上の高齢者であり，これからも増えていくだろう。

　建物被害は，津波による破壊や床上床下浸水を含めて，全壊19,962棟，半壊13,109棟，一部損壊23,615棟，計56,686棟。市内の被災家屋は被災前住宅数の76.6%[*2]に及んだ（図1-3）。

　石巻市の産業基盤も甚大な被害を受けた[*3]。

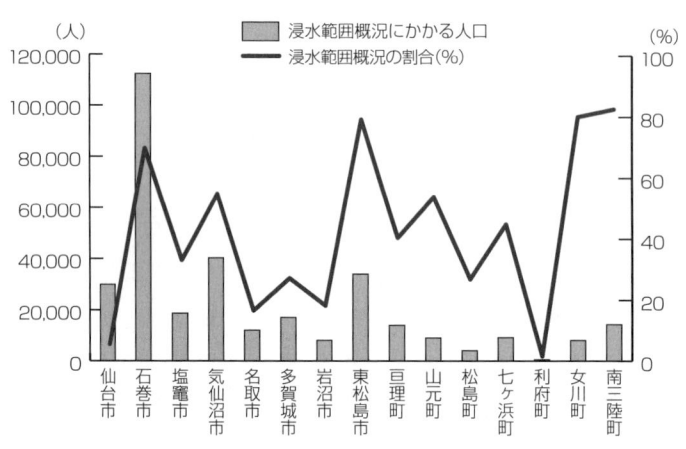

図1-1　東日本大震災の宮城県被災自治体の浸水範囲の人口と浸水範囲の人口比率
資料／総務省統計局：浸水範囲概況にかかる人口・世帯数（平成22年国勢調査人口速報集計による）

＊1：石巻市ホームページ，被災状況（人的被害）（2014年2月末現在）
＊2：石巻市「石巻市の復興状況について」2013年10月
＊3：石巻市，2011年5月20日発表資料

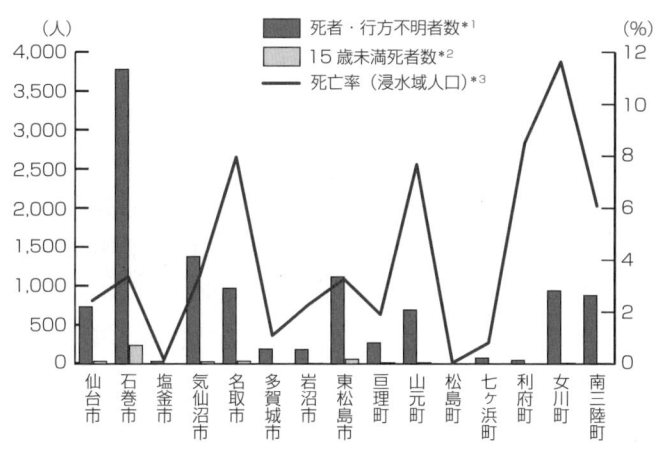

1. 石巻市の被災と避難の状況　19

図1-2　東日本大震災の宮城県被災自治体の死者・行方不明者数，15歳未満死亡者数(左軸)，死亡率(右軸)

資料／＊1：総務省消防庁：平成23年東北地方太平洋沖地震，第143報．
　　　＊2：谷謙二：小地域別にみた東日本大震災被災地における死亡者および死亡率の分布，埼玉大学教育学部地理学研究報告，32；2012．
　　　＊3：総務省統計局：浸水範囲概況にかかる人口・世帯数（平成22年国勢調査人口速報集計による）

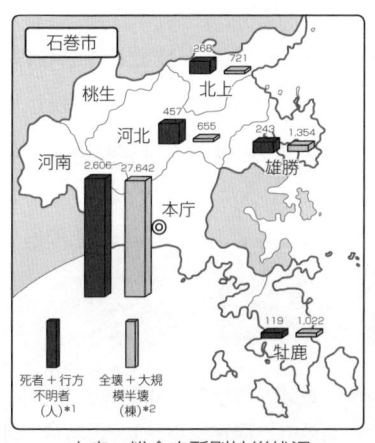

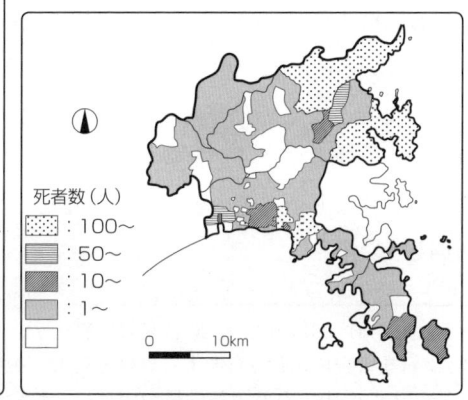

図1-3　石巻市の被災状況

資料／＊1：石巻市ホームページ，被災状況（人的被害）（2014年2月末現在）
　　　＊2：石巻市ホームページ，石巻市震災復興基本計画
　　　＊3：谷謙二：小地域別にみた東日本大震災被災地における死亡者および死亡率の分布，埼玉学教育学部地理学研究報告，32；2012．

漁業では、雄勝半島や牡鹿半島を中心とする 44 の漁港すべてが、臨海部に立地する水産加工場や冷蔵倉庫などの 200 社のすべてが被災した。定置網や養殖施設はほぼ全滅。漁船は約 9 割が破損した[*1]。翌年 3 月には水揚げ量の 4 割が回復したが、売上は低迷した状態にある。農業については、津波による水田の冠水面積は 1,771ha で市内の水田全体の 20％を占めた。復旧には時間がかかるといわれたが、除塩を行い 2012 年 7 月末には冠水面積の 62％で作付が完了した。

これら被災した漁業、農業を追撃したのが、東京電力福島第 1 原子力発電所の事故による放射能汚染であり、これに伴う風評被害である。

製造業関係は、旧北上川右岸の石巻工業港を中心に集積し 2,599 社の 7 割が浸水するなど甚大な被害を受けたが、2012 年 12 月末現在で紙パルプ、肥飼料、製鉄、合板などの同港集積企業 50 社のうち 49 社が再建し、事業を再開している[*2]。

また、石巻市内にあった 14 の中小の造船業も壊滅的な状況となった。この中で東北地方最大の造船会社ヤマニシが、多方面の制度を活用して 2012 年 8 月には事業を再開したことは明るいニュースとなった[*3]。

学校の多くは避難所となったが、地震・津波で建物・施設が被災した学校は、小学校 43 校中 10 校、中学校は 21 校中 4 校、高校は 9 校（うち県立 7 校）中 1 校（市立）、そして幼稚園は市立 5 園中 1 園、私立 12 園中 2 園であった。避難の途中で津波によって児童 74 人と教員が犠牲となった大川小学校の悲劇はあまりに痛ましい。他の各学校は、避難所の閉鎖と並行して 10 月には現地で再開している。

---

*1：石巻市，2011 年 5 月 20 日発表資料
*2：石巻市長亀山紘「石巻市における復旧・復興の現状と課題」『都市とガバナンス』Vol.19. この中で石巻工業港については「仙台塩釜港（国際拠点港湾）・松島港（地方港湾）と統合され、仙台塩釜港石巻港区（国際拠点港湾）となったことから、大型バルク貨物の輸入拠点という位置付けのもと、港湾投資の重点化・効率化や仙台塩釜港としての一体的なポートセールスの展開などにより、港湾並びに関連企業の発展を図る。」(p.19) とある。
*3：復興庁ホームページ．2013 年 5 月 23 日

（3）避難初動期―避難所

　地震が発生したときには薄曇りだった天気は予報どおり夕方には雪を降らせ，避難所にいた人々は寒さに震えた。山に避難した牡鹿半島の人たちの中にはそこで夜を明かした人もいた。石巻では地震後，避難先から自宅に戻って津波に襲われて亡くなった人も多く，助かった人は着の身着のままで，小学校などの地域の指定避難所や旅館・ホテルのほか，さまざまなところ――車中，親戚や友人宅，公共施設，居住場所とはいえない工場や事業所などに避難し，さらに状況に応じて転々とした。中には指定避難所が老朽化していたために別の施設に避難した人もいる。避難所の小学校の体育館が天井の崩落のために使えず，教室内に移ったところもあった。学校の体育館が避難場所に指定されており，多くの人はそこに避難した。しかし運よく津波襲来を間一髪で察知し体育館から校舎の3階4階屋上へと逃げ込み，被災を免れた人の話も少なくない。

　石巻市の避難者数は3月17日にはピークに達し，宮城県内最多の5万人を超えた。障がい者や認知症や疾病をもつ高齢者の中には，迷惑をかけることを懸念して一般の避難所では生活できず，車の中や親戚・知人の家，被災した家屋にとどまっていた人も多い。仙台市では，福祉避難所を52か所指定していたが，人手不足で開設できたのは半数であった。しかも指定避難所で申し込まなければならない。石巻市も同様で，かつ市の中心部から離れたところに設置されていたこともあり，利用が難しかった。

　石巻市役所も被災したため，情報の断絶と混乱の中で被災者がどこに避難しているかを把握できず，しばらくは指定避難所以外にいた避難者に対して食糧や衣料などの支援物資が届けられなかった。

　牡鹿半島の28の浜は，1m以上の地盤沈下とがれきによる道路の遮断などによって陸の孤島と化した。それでも被災後3日目には各浜に災害対策本部が設置された。牡鹿半島の10km圏内に女川原子力発電所があり，1～2年に1回は防災訓練を行っていたことが，比較的早く災害対策本部を設置しようという動きにつながったのである。東浜地区では海側からの支援や自衛隊のヘリコプターが震災4日目に来るまでは，災害対策本部を軸にして，地域の人たちの

協力でしのいだ。北上地区や雄勝地区も同様に壊滅的な被害を受け孤立した。

避難所は，2011年10月11日に若干名を残して閉鎖された。石巻市では8月にほぼ必要な仮設住宅の建設は終了していたが，遠隔地の仮設住宅には入居希望者がおらず，引き続き避難所に暮らす人もおり，完全に閉鎖するまでには少しの時間が必要であった。

（4）仮設住宅，民間借上げ住宅（みなし仮設住宅）

避難所から出た被災者は，宮城県・石巻市が提供する応急仮設住宅や，仮設住宅としての借上げ民間賃貸住宅（みなし仮設住宅）に入居するほか，さまざまなところに避難した。

応急仮設住宅は，災害救助法（1947年制定）第4条の「避難所及び応急仮設住宅の供与」に基づき都道府県知事が決定し，災害発生から20日内に着工することになっている。一般に各都道府県はプレハブ建築協会（以下，プレ協）と災害時に必要な応急仮設住宅の建設についての協定を締結しており，今回も宮城県では協定に基づきプレハブ型の仮設住宅を供給した。

借上げ民間賃貸住宅（みなし仮設住宅）は，今回の被害があまりに甚大であったことから，国が災害救助法の弾力的運用[*1]を行い，民間賃貸住宅を借上げた場合（被災者自身が入居した場合も含む）も，災害救助法による国庫補助を行うことにより実現した。民間賃貸住宅を仮設住宅として大規模に利用したことは，東日本大震災において特徴的である。

供与された仮設住宅の戸数は，宮城県全体では新築仮設住宅が53,537戸，みなし仮設住宅が68,000戸（2013年4月）と，みなし仮設が新築仮設住宅を上回っている。新築仮設住宅には，プレ協によるプレハブの仮設住宅だけではなく，自治体独自に在来木造やユニットによる鉄骨造などで供給したものが523戸あり，石巻市に隣接する女川町では土地の確保が困難なため，建築家の

---

*1：被災地以外の都道府県に設置された仮設住宅への国庫補助も行った。

協力により2階，3階建の独自の仮設住宅が供給され注目された[*1]。

応急仮設住宅での入居期間は2年であり，知事が国に要請することにより延長することができる。宮城県は当初から3年間の供与期間としていたが，2013年8月に国から承認され，さらに1年延長することになった。これに先立つ3月に，石巻市でも災害公営住宅の整備状況や自宅再建事情に対応して，プレハブ住宅については供与期間の延長，借上げ民間賃貸住宅については再契約を行うこととした。

1）石巻市の応急仮設住宅

石巻市で供与した応急仮設住宅は，2013年9月末現在134か所7,153戸で，入居戸数は6,967戸，入居人数は15,377人である。空き戸数が186戸あり，1年前の9月の時点から入居者は1,146人減少した。

石巻市の仮設住宅のすべてはプレ協が建設したプレハブ住宅で，宮城県内に供給されたプレ協の住宅の4割を占める。災害時には協会に加盟する規格部会会員によるプレハブ仮設住宅が建設されるが，それだけでは需要に応じきれず，プレ協の住宅部会に所属するハウスメーカーによる仮設住宅も提供された。7,153戸中，規格部会会員12社によるものが8割，住宅部会のハウスメーカー系8社によるものが2割弱であった。岩手県や福島県のように独自に木造系仮設住宅の供給をしなかったので，プレハブ系の仮設住宅と木造系の仮設住宅との質の格差といった問題はなかったが，規格部会と住宅部会の住宅の違い―特に出入りのできる掃き出し窓かどうかや外観などや，同じ規格部会，あるいは住宅部会の住宅であっても内装，間取りや設備などの仕様に違いがあった[*2]。

建設費については「一戸2,401,000円以内とする」[*3]とされているが，その後

[*1]：宮城県下では，市町独自に実施した整備戸数は，山元町（284戸），女川町（189戸），南三陸町（50戸）である。福島県，岩手県では地場の木材，地場の事業者の雇用確保と仮設住宅の質の向上を図るために，木造仮設住宅を供給した。
[*2]：同じ2DKであっても，外部に面して居室が2室並ぶタイプと，2室が玄関から窓側に縦一列に並ぶタイプがあり，後者は部屋の独立性に欠けていた。
[*3]：災害救助法施行細則別表第1。

の追加工事—外壁等の断熱，窓の二重サッシ化・複合ガラス化，風呂の追い炊き装置，風除室やスロープ廊下の下屋，暖房便座，水道管の凍結防止等—や物置の設置等によって，1戸当たり800万円かかっている。この金額をかけるのであれば，最初から直接住宅再建費に向ける選択肢もあったかもしれない。

住宅の規模についても「29.7m^2（9坪）を標準とする」と災害救助法で決まっており，住戸のタイプは1DK，2DK，3Kで，各部屋は4.5畳程度と狭い。世帯人数により割り当てられ，人数が多い場合は複数戸に分散して入居する。住宅の広さと通勤・通学の利便性から，家族が離散して住む例も多く，単身者の割合が高く，1戸当たり2.3人である。

入居当初，避難所からようやく家族のプライバシーを守れる仮設住宅に入れた喜びは大きかったし，居住性の悪さも一時的に住むのだから仕方がないと思って我慢していた。しかし，仮設住宅の生活が長期化するにつれ，さまざまな問題が顕在化した。そうしたことから，これらの情報交換をしたり話し合うための仮設住宅団地自治会の結成が進み始めた。石巻・仮設自治会役員と石巻専修大学経営学部竹中徹ゼミナール有志によって2012年1月～13年2月に実施された市内111か所の仮設住宅団地役員の調査[*1]では，今後の仮設住宅のあり方について，「統一した設計」という回答が72.7％であった。今後の防災対策にとって貴重な提言である。

2）福祉仮設住宅とグループホーム

石巻市では，2011年4月末には仮設住宅入居の優先枠を設け，建設予定の7割を，①妊産婦，②3歳児未満の乳幼児，③65歳上の高齢者，④障がい者の世帯を対象にすることを決定した。

しかし完成が遅れて入居できる戸数がわずかであったため倍率が50倍にもなり，7月までに入居できなかった障がい者世帯があった[*2]。また入口にはス

[*1]：石巻仮設住宅自治連合推進会，石巻専修大学経営学部竹中徹ゼミナール有志『石巻仮設住宅団地役員アンケート調査報告』2013年7月23日
[*2]：宮城県石巻支援学校『東日本大震災から学んだこと—石巻支援学校からのメッセージ』2012年。

ロープがある*¹ものの，住戸の玄関間口が45cmと狭くて車いすでは入れない福祉仮設住戸があったり，高齢者が入居した福祉仮設では，トイレ・浴室の段差や，浴槽のまたぎが高いなどの，バリアフリー仕様でない住戸が割り当てられた世帯もある。こうした障がい者や高齢者の住宅について，市は要望に基づき改善工事を行ったが，玄関間口の改善はできなかった。今後は福祉仮設住宅であれば少なくとも一般的身体障害に対応したバリアフリー仕様は当然として，高齢化の進展を考慮すれば，すべての仮設住宅仕様をバリアフリーにしておくことも考えられる。

他方，応急仮設住宅におけるグループホームの設置は阪神・淡路大震災で導入され，後のグループホームの制度化につながった。阪神・淡路大震災時とは異なり，認知症高齢者と障がい者といった制度による入居枠の制限があるものの，石巻市の仮設のグループホーム数は宮城県の中で飛び抜けて多く，高齢者用10棟88戸（宮城県全体25棟219戸），障がい者用8棟56戸（同11棟71戸），合計18棟144戸が設置された。

3）仮設住宅のコミュニティ

石巻市では，仮設住宅の入居は，広域で膨大な被災者数であること，また，立地選択や住戸の日照条件などの公平性という理由から半島部を除き抽選で行われた。したがって，当初から仮設住宅入居後における新たなコミュニティ形成の課題を抱えていた*²。しかし，被災前のコミュニティ（自治会・町内会）から離れ，大半が見ず知らずの人々の集まりとなった仮設住宅団地では，人々の交流や自治会結成も難しく，支援の受け入れや生活再建に向けての話し合いを困難にしていた。ここに多くのボランティア団体や多様な支援団体が入り，被災した人々の多様なニーズに応え，コミュニティ形成に貢献している。それでも，復興まちづくりやそれぞれの生活再建にあたっては，各世帯の自力再建

＊1：バリアフリー対応のスロープ付き住戸は全住戸の1割とされている（宮城県「宮城県における応急仮設住宅の建設に関する報告」2013年1月7日）
＊2：速水検太郎「仮設住宅供給プロセスとコミュニティ形成活動に関する研究―宮城県石巻市，女川町を対象として―」（2012年度東京工業大学修士論文）

のほか，被災前のコミュニティでまとまるか，仮設団地で育まれた新たなコミュニティによるのか，個別の選択により行うかといった深刻な課題に直面している。

これに対し半島部では，浜ごとに小集落がまとまっており，各浜がもっている漁業権の関係もあり，子どもの通学などのために別の仮設住宅に入居した人を除いて，基本的に集落単位での入居となった。仮設住宅では日頃からの顔見知りといる安心感があり，助け合いも当然のように行われたという。しかし，生活再建について高台移転の方向がみえてきたものの，高台移転事業の遅れから次第に地域を離れる人が出始めるという深刻な悩みがある。

仮設住宅の入居について，コミュニティを考慮することの意義や，その場合

空き地が目立つ石巻市の浸水地域
（2013年10月）

石巻市の仮設住宅
（規格部会のプレハブ住宅）

石巻市の仮設住宅集会所

避難所となった小学校（2011年5月）

図1-4　震災後の石巻

にどのような方法があるのかなどは，石巻での経験を検証する必要があるだろう。付言すれば，仮設住宅団地のコミュニティ形成には，住戸・住棟や集会所などの配置計画も関係する。石巻の仮設住宅団地も，50戸以上の団地には集会所を，それ未満のところには談話室を配置することになっており，住棟は並行配置で，集会所や談話室は団地の端に置かれるのが一般的となっている。コミュニティ形成のためには集会所を団地の中心に配置し，何気ないかかわりが可能となる住棟配置を，あらかじめ計画しておく必要があった。

4）みなし仮設住宅

「みなし仮設住宅」は，借上げ住宅ともいうが，民間賃貸住宅を県が家主から借り上げ，被災世帯に転貸する。この「みなし仮設住宅」の国庫負担対象経費は，敷金，礼金，仲介手数料などの入居にあたっての費用，月ごとの家賃，共益費，管理費である。震災当時，宮城県全体では民間賃貸住宅の空家が多数存在したこともあり，みなし仮設住宅が新築仮設住宅を上回って供給された。石巻市の場合は，申請件数7,170件，入居（契約）件数4,788件，入居者人数12,555人と，相当数の世帯が「みなし仮設住宅」を利用した（2013年9月末現在）。石巻市から仙台市，東松島市のみなし仮設住宅に入居した世帯もあった。自力で見つけて入居した民間賃貸住宅も，後に「みなし仮設住宅」と認定されている。

「みなし仮設住宅」には，ある程度の手元資金があった人ができるだけ早く避難所から出ようとして入居した。したがって，入居する人は，ある程度の資力があり，仕事に就いている人が多いと予想されたが，仙台市内の「みなし仮設住宅」入居者調査では，世帯分離した単身高齢者が少なからずおり，石巻でも同様の実態であると推測される。問題としては，被災者の居住地が分散するために，支援物資や情報の提供が行き渡らなかったこと，2年の契約期間を延長するための再契約の際に，家主が再契約を拒むケースが出ていることがあげられている。

5）仮設住宅，みなし仮設住宅居住者への支援

仮設住宅やみなし仮設住宅居住者が孤立せず，希望をもって生活再建を果た

すためには，さまざまな支援が必要である。そこでは県や市による公助，仮設住宅の自治会による被災者同士の共助，また自助・共助・公助でカバーできない部分に対するボランティア団体による多様な支援，さらに医療，保健，福祉，雇用，教育などの専門的支援といったものが，被災者・被災世帯の状況や課題に応じて，重層的にかかわることが求められる。

　石巻市では，阪神・淡路大震災における孤独死やひきこもりの教訓から，2011年8月に被災者生活事業を立ち上げ，9月から社会福祉協議会に委託して，被災者の生活支援の拠点として仮設住宅団地の集会所や談話室に「ささえあいセンター」（拠点センター11か所，センター100か所予定）を設置し，訪問支援員（仮設住宅みまもり隊）を配置し，「入居者の生活相談や各種関係機関との連絡調整」を行ってきた[*1]。翌年10月にはみなし仮設住宅利用者をも対象にしている。困難を抱える被災者の早期発見には必須である。しかしそれも，プライバシー保護との関係で対象者を広げられなかったり，元気な被災者にとってはうっとうしく感じられたりする。仮設自治会，ボランティアとの効果的連携が求められている。

　この中で，特筆すべきことは，日本家政学会が研究調査にかかわっている，石巻開成仮設団地の福祉仮設住宅（グループホーム）に設置された「あがらいん」の活動である。2011年12月にNPO全国コミュニティライフサポートセンター（CLC）[*2]が，石巻市から委託を受けて，石巻開成仮設団地の福祉仮設住宅の運営を行うようになった。ここでは，短期滞在型ケアを運営しながら，昼食会や地域交流サロンを開き，高齢者，障がい者，子どもなどの自立支援と人々の交流の場を柔軟な方法で提供している。石巻で最も規模の大きい開成仮

---

*1：この事業は，「宮城県地域支えあい体制づくり事業実施要綱」に基づき行っている。

*2：CLCの設立目的は，「高齢者及び障害者，子どもなどが自立した生活を営むために必要な支援を実施する団体や，それらの団体のネットワーク組織を支援することにより，"だれもが地域で普通に"暮らし続けることのできる地域社会の実現を目指して，1999年夏に任意団体として設立された」とあり，2001年2月にNPO法人を取得している。

設団地と，隣接する南境(みなみざかい)仮設団地のコミュニティづくりを支援するうえで大きな役割を果たしており，さらに仮設団地の居住者にとどまらず，石巻市内の市民の交流の場としても活動が広がってきている．

(5) 被災地のこれから

未曾有の被害を受けた石巻市でも，震災後3年がたち，自宅再建を果たした人がおり，生活再建のための3つの対策—復興公営住宅，防災集団移転促進事業による高台移転，土地区画整理による自宅再建—が動き始め，状況は複雑に変化している．その様相は地域によっても異なるし，世代や就業状況によっても異なる．

石巻市は，2011年6月24日，被災後の比較的早い時期に「石巻市都市基盤復興 災害に強いまちづくり（基本構想）について」を発表し，同年10月12日には石巻復興協働プロジェクト協議会により，"安全・安心"かつ"環境にやさしい"生活ができる「世界の復興モデル都市」の実現を掲げた．しかし，復興の指標となる何より重要な鍵は，「被災した誰もが可能な限り早期に生活再建を実現できること」である．それは容易なことではない．しかし，石巻の復興はそうした意味での「世界の復興モデル」となるよう期待されている．

これまで，石巻の被災から避難に至るデータをみてきたが，被災と避難の全体像を描き切ることはとてもできなかった．しかし，部分的であっても今後の災害に対して多くの教訓が含まれていることに気づく．それを生かして今後の防災・減災・避難計画に反映させることが，犠牲者への追悼になるのだと思う．

参考文献
・石巻日日新聞社編：6枚の壁新聞 石巻日日新聞・東日本大震災後7日間の記録．角川マガジンズ，2011．
・頓所直人取材・文，名越啓介写真：笑う，避難所 石巻・明友館136人の記録．集英社，2012．
・中原一歩：奇跡のボランティア「石巻モデル」．朝日新聞出版，2011．

2. 阪神・淡路大震災との比較

　阪神・淡路大震災と東日本大震災は，対照的な地震災害である。すなわち，前者は大都市圏の直下で発生した内陸型地震によるものであり，後者はプレート運動に伴う超巨大な海溝型地震を原因とした広域複合災害であった。また，東北地方の三陸沿岸地域に繰り返し被害を生じさせてきた三陸地震津波も，この後者のタイプに属する。基本的にわが国に大きな被害をもたらす典型的な地震災害はこれら2つのタイプであり，上記両災害について比較分析を行うことは，わが国の今後の地震防災に資するところが大きいと考えられる。さらに，それぞれの地震災害における地域特性の違いによる被害発生状況および復旧・復興の定性的・定量的な比較も，今後の防災・減災対策を講じるうえで重要な視点になると考えられる。なお，ここでいう地域特性の違いは都市性と非都市性である。

　本節では，具体的な地域間比較として，阪神・淡路大震災については神戸市と淡路島北淡町とし，東日本大震災とそれにかかわる三陸地震津波災害では石巻市と半島部の牡鹿地区および雄勝町を取り上げる。

（1）被災状況および避難行動の比較

　阪神・淡路大震災の発生は 1995 年 1 月 17 日午前 5 時 46 分であり，まだほとんどの人が自宅で就寝中であった。被害は死者 5,502 人，行方不明 2 人，住宅全壊約 10 万棟であり，死者の約 9 割が倒壊建物の下敷きによる圧死や火災による焼死であった。また，死者の半数以上が 60 歳以上の高齢者だった。多くの建物の振動被害や電気・ガス・水道などのライフラインの途絶により，ピーク時で約 32 万人の被災者が学校，市役所，その他の公共施設や公園・校庭に建てたテントに避難した。このほかに親戚や知人宅に身を寄せた人もいた。避難所は 1995 年 8 月に閉鎖され，被災者の生活の場は応急仮設住宅へと移っ

ていった。阪神・淡路大震災では，多くの被災者が直接，学校などの収容避難所へ押し寄せたため，高齢者などの弱者が劣悪な環境に置かれることとなった。このため，応急仮設住宅への入居にあたっては，逆に高齢者を優先してコミュニティ単位の入居を考慮しないなど，結果的に多くの問題を発生させてしまった。

　一方，東日本大震災は3月であったが，東北地方としては降雪のみられる季節であり，寒い時期であった点で阪神・淡路大震災と共通している。ただし，地震の発生が金曜日の14時46分で通常の生活時間帯であった点は阪神・淡路大震災と大きく異なる。津波襲来は地域によって異なるが，石巻市市街地としては門脇での急激な水位上昇が15時40～50分の間と考えられ，野蒜観測所では15時45分頃に記録され，さらに鮎川では15時26分，月浜で15時25分に記録していることから，北上，雄勝地区と石巻地区との水位の急激な上昇時刻には約20分の時間差がある[1]。一方，人的被害としては，被害の大きかった岩手，宮城，福島県の死者13,135人のうち，65%は60歳以上，死因の90%超が水死であった。犠牲者の大半は，自宅にいて逃げ遅れたとみられる高齢者が多かった。また，死者数に対して重軽傷者数が少ないのが津波による人的被害の特徴である。石巻市の死者は3,123人で市町村別の被害としては最も多く，死亡率は2.31%である。ちなみに死者数で2番目に多いのは岩手県の陸前高田市で1,487人（6.76%）だった。陸前高田市の死亡率は最も高い。

　次に地区単位で死亡率，死者数を比較すると以下のようになる。石巻市市街地旧北上川河口付近の地区を対象として死亡率，死者数，65歳以上死亡率で示すと，南浜町8.28%，218人，16.56%，門脇町6.56%，134人，11.49%，川口町6.2%，37人，11.73%，大門町8.05%，77人，18.10%，明神町9.98%，43人，17.99%，松並6.26%，32人，19.19%などである。これに対して，半島部の雄勝町では4.06%，162人，6.28%であり，牡鹿半島の鮎川浜1.23%，18人，2.48%，寄磯浜2.43%，10人，5.65%，大谷川浜4.90%，12人，9.28%など，総じて死亡率は低く，65歳以上死亡率も相対的に明らかに低い[2]。

（2）避難所生活における問題の比較

　阪神・淡路大震災において，避難所への避難者数のピークは被災地全域の総計では6日後の1月23日に現れたのに対して，東日本大震災では3日後の3月13日であった。また，阪神・淡路大震災での神戸市と北淡町を比べると，神戸市のピークが235,443人（1月24日）なのに対して北淡町は4,000人（1月22日）となっており，筆者らが行った直後3日間の避難行動調査結果とも調和する傾向にある。すなわち，北淡町では発災12時間後の地震当日夕方にはほぼ9割の人々が避難したのに対し，神戸市で9割の人々が避難したのは2日目以降になっている。これらの違いの理由としては，東日本大震災では津波によりすべての建物が流失したのに対し，阪神・淡路大震災ではすべて全壊したわけではなく，しばらくは被災した自宅でしのいでいた人もいたと考えられる。また，神戸市と北淡町の違いは高齢者比率とコミュニティの差と考えている。両地域とも避難場所の選定は自分や家族の判断とした人が5割を超えているが，2番目に多かったのは神戸市では周囲の人，北淡町では消防団の指示だった。北淡町の消防団の活動は直後の人命救助から避難所生活期の飲料水の運搬など長期にわたった。

　なお，阪神・淡路大震災における特徴として，避難所生活期の終盤に「待機所」を設けたことがあげられる。災害救助法の適用打ち切りに伴って，神戸市は1995年8月20日に避難所を廃止し，食事の配給を打ち切ったうえ，それまで避難所としてきた区民センターなど12か所に自炊設備を設けて「待機所」への移行を実施した。神戸市では事実上，8月末での避難所の解消と待機所（収容人員1,970人）への集約を目指していたが，9月5日の時点で待機所11か所に757人，旧避難所101か所に2,342人の合計3,099人が避難生活を送っていた[3]。

　阪神・淡路大震災における避難所生活の問題をマクロに比較すれば以下のようである。神戸市と淡路島の北淡町は都市部と農漁村の違い，あるいは高齢化率，人口密度の差異など多くの点で対照的である。北淡町では消防団組織の活動が広範にわたり，被災者援助にきわめて有効に機能したといえる。また，プ

ロパンガスを使用していたことが、生活の復旧、特に自炊による被災者の自立に役立ったことが指摘できる。さらに、北淡町では高齢者の比率が高いが、そのことがかえって相互扶助を促したと考えられる。すなわち、地区公民館や集会所のような比較的小規模な避難所では避難者自身が自炊を行い、高齢者の世話をしていた。これらの点は神戸市の避難所運営事例からはみられないところであり、一方、神戸市の場合は学校避難所における教員の果たした役割が大きかった[4]。

小規模避難所の自立や相互扶助の状況は、東日本大震災における半島部の被災地でもみられた。牡鹿半島の東浜地区では5地区が連合して災害対策本部を組織し、救援物資の分配や長期にわたる避難生活の管理を被災住民自らが行った[5]。

(3) 応急仮設住宅における避難生活の問題

阪神・淡路大震災発生後、兵庫県災害対策本部は翌日の18日に応急仮設住宅の建設を決定し、19日には第一次発注を行った。2月下旬から、高齢者などの生活弱者優先の施策のもと、随時入居が始まり、神戸市内の最終的な建設戸数は29,178戸にのぼり、8月上旬までに全戸が完成した。応急仮設住宅での暮らしぶりについて、神戸・阪神間と淡路島とを比較した結果から概要を述べる。まず、両者には建設方法に大きな差異があった。神戸・阪神間では、被災者の多さや土地の不足から、住んでいた家から遠い場所に建設されたケースが多いが、淡路島では原則として1か所に少数の住宅が、自宅に近い場所に建てられた。さらに居住者の特性として、淡路島では高齢者が多く、無職の人や農業・漁業など第一次産業従事者が多いという特徴があった。震災1年後の調査では、両地区の生活満足度は淡路島のほうが高く、自治会の結成率は神戸・阪神間より淡路島のほうが低かった[6]。

また、応急仮設住宅の構造については、両地区とも原則的にプレハブ形式であり、暑さや寒さに対する備えが不十分で、この点への不満が多かったのは共通していた。また、高齢者居住については、手すりの設置などの対策が後から

なされた。

　一方，東日本大震災被災地では余震による津波対策として，低地に応急仮設住宅を建設することができないため用地確保に困難を極めた。また，プレハブ形式の仮設住宅では寒冷地対策が不十分で，後から追加措置を行ったケースもあった。さらに，手すりや風除室を後から設置する対策は相変わらずみられた。ただし，現地の木材を活かすなど新たな工夫をすることによって，木造の応急仮設住宅が数多く建設されたことはこの災害の特徴といえる。木造仮設住宅では屋根のあるデッキスペースを設けることにより，住民交流の場をつくり，車いす移動を容易にするなどの工夫もみられた。

　東日本大震災後の復興を考えるとき，津波対策のための高台移転や低地の嵩上げ，新たな防潮堤の建設などが必要となるため，災害復興住宅の建設や住宅の自立建設の速度は阪神・淡路大震災に比べて遅くなることが予想される。したがって，長期にわたる応急仮設住宅での生活においてさまざまな問題が生起することが危惧される。

引用文献
1) 石巻市防災会議：石巻市地域防災計画，津波災害対策編，2013，11-17.
2) 谷謙二：小地域別にみた東日本大震災被災地における死亡者および死亡率の分布．埼玉大学教育学部地理学研究報告，2012；32；1-26.
3) 神戸市民生局：平成7年兵庫県南部地震 民生部の記録，1996.
4) 宮野道雄：避難所の生活と運営，自然災害科学，1995；阪神・淡路大震災特集号；24-30.
5) 豊島富美志：3・11あの日から，特定非営利活動法人難民を助ける会・特定非営利活動法人ピースプロジェクト，2013.
6) 北本裕之，宮野道雄：阪神・淡路大震災の応急仮設住宅における避難生活の諸問題．日本生理人類学会誌，1999；4 (1)；7-12.

3. 東日本大震災後の石巻専修大学の活動

(1) 東日本大震災後の復旧・復興と石巻専修大学

　2011年3月11日に発生した東日本大震災により，石巻専修大学が立地する石巻圏は甚大な被害を被った。石巻専修大学では震災直後から，被災地域の防災と復興に関する事業を展開する「復興共生プロジェクト」*を立ち上げ，大学の専門知識を活かして，大学施設の提供，防災や復興に関連する講演会やシンポジウムの開催，被災者支援，産業支援，防災・復興関連研究など各種の活動を行っている。活動には学生も多数参加しており，専門知識の応用はもちろんのこと，外部の人との連携やコミュニケーション，主体的な発想・行動など，多面的な能力の開発が促されている。こうした姿は本学の教育目標である「実践的な教育」そのものである。

　一方，プロジェクトに参加する教員はそれぞれの専門領域をさらに広げつつあり，こうした研究活動は本学における今後の研究と教育の高度化に大きく資するものと考えている。

　こうした復興共生プロジェクトの一環として，石巻専修大学は日本家政学会と2012（平成24）年5月に協定を締結した。また，この協定の趣旨を具現化するために，科学研究費「東日本大震災後のコミュニティの生活再建プロセスにみる課題解決の方法」（平成24～28年度，代表坂田隆）および「震災被災者の復興過程で生ずる生活問題へのアクションリサーチ法による解決方法の追求」（平成25～27年度，代表大竹美登利）を受けて，学会と本学が協力してさまざまな研究を進めている。

　東日本大震災という大災害の最前線に位置し，学生・教職員の1/3以上が被災者である大学がどのように活動してきたかは，大災害からの復旧復興におけ

＊：http://www.isenshu-u.ac.jp/fukkou/

る高等教育機関の役割を考えるうえでの貴重な資料であると考える。また，そうしたことをふまえて，わが国の大学の今後のあり方を考えるうえでも若干の貢献ができるのではないかと考えている。ともすれば，大学は研究や調査を行う側に回ることが多いが，私たちは調査される側にも回ることを 2011 年の 3 月に決意した。そのような思いをふまえて，この節では，東日本大震災にかかわる石巻専修大学の活動を紹介することにする。

なお，本節の内容のかなりの部分は本学が発行した 2 冊の報告書[*1]に一次データをまとめてあるので，そちらもご覧いただきたい。

(2) 地域との連携の歴史

このような地域との連携の背景には本学の開学にさかのぼる石巻圏域とのお付き合いの歴史がある[*2]。

石巻専修大学は石巻圏域の 1 市 9 町（現在の石巻市，女川町，東松島市）の強い誘致を受け，学校法人専修大学のもと，「社会に対する報恩奉仕」という建学の精神を掲げて，1989（平成元）年に石巻市に開学した。21 世紀に入ってからは学校法人専修大学共通の 21 世紀ビジョンである「社会知性の開発」を掲げて活動している。理工学部，経営学部の 2 学部でスタートしたが，理工学研究科，経営学研究科の修士課程および博士後期課程からなる大学院も設置され，2013（平成 25）年度には人間学部（人間文化学科，人間教育学科）と理工学部食環境学科および生物科学科を新設した。

開学にあたっては，地元の自治体や産業界などによる石巻地域高等教育事業団というコンソーシアムが 42 万平方メートルの敷地を造成して，大学に提供してくださった。開学以降も，同事業団からは圏域から本学に進学した学生への奨学金の貸与や，研究費の助成もしていただいている。さらに，2007（平成 19）年度からは石巻市からの補助金もいただいている。本学の教職員はこのこ

---

*1：「石巻専修大学震災復興報告書」第 1 号（2012），第 2 号（2013），http://www.isenshu-u.ac.jp/library/shinsai/
*2：石巻専修大学『地域貢献ハンドブック』2011

とをいつも頭においている。

　また，石巻市，女川町，東松島市，登米市とは2007年から包括連携協定を結んでいる。これに基づいて，地元の自治体には学識経験者としての委員を多数派遣しているし，石巻市役所でサテライト教室を開いたり，石巻市の職員を聴講生として受け入れたりしている。また，石巻市と東松島市では「ISU健康づくり教室」を開いている。さらに，女川町からは小学生が多数石巻専修大学の見学に来ているし，東松島市の中学生は本学へ「職場見学」に来ている。このように，本学と地元の自治体とはさまざまなレベルでの交流があり，特に石巻市の職員と本学の教職員とは「顔の見える」お付き合いをしてきた。さらに，亀山紘石巻市長が本学の元教授で，大学の事情をよくご存知であったことも幸いであった。

　一方で，かねてから本学を避難所に指定していただきたいという要望を石巻市に出していたが，現在も実現はしていない。したがって，震災直後の数日は食糧や毛布の配布に不自由があった。

　ただし，石巻市と本学との間でボランティアセンターを大学に設置することを主眼とした防災協定を2011年3月30日に締結する予定になっていた。本学の本来のルールを守ってもらう，などという具体的な内容も詰めが終わっており，本学でも準備はできていた。したがって，3月14日の石巻市からのボランティアセンター設置依頼は「想定内」であった。

　今一つ重要なことは，地元を代表する金融機関である石巻信用金庫とも包括連携協定を結んでいることである。この協定に基づいて，信用金庫幹部職員の「産学金コーディネータ研修」を石巻信用金庫と本学が協力して行ったり，学内で経営者塾を共同開催するなど，全国に先駆けた産学金連携を行っている。こうした蓄積があったので，2012年7月の石巻と気仙沼の商工会議所および信用金庫と大学の五者による「三陸再生ネットワーク」の結成に至ったと考えている。

（3）石巻専修大学の被災の概況

3月11日の14時46分頃発生した東北地方太平洋沖地震と，それによる津波によって北海道から関東にかけての太平洋岸は大きな被害を受けた。石巻専修大学が位置する石巻市でも最大震度6弱の地震に続いて15時26分には8.6m以上の津波が押し寄せ，海岸付近や新・旧北上川流域の広い範囲が浸水した。

石巻専修大学の建造物は旧北上川の堆積の上にあるが，きちんとした造成工事と堅牢な建物のおかげで，地震による校舎や校地の被害はきわめて軽微であった。また，河口から約8km離れており，敷地内への浸水は皆無であった。さらに，2年前にできた石巻北バイパスと曽波神大橋によって石巻赤十字病院や国道4号線に連絡しており，震災当日も仙台方面との交通が可能であった。

（4）発災直後の対応

2011年3月11日の発災当日は春休みであった。事務職員は全員出勤しており，教員の一部も出勤していたが，学長は札幌に出張中であった。大学院生や実験をする学生，サークル活動の学生も学内にいた。

地震発生直後に鈴木均理工学部長（当時），山崎省一学生部長（当時），折から石巻に来ていた学校法人の今野健吾常務理事（当時），山本静事務部長（当時）が中心になって学生などを学生食堂に集合させて点呼し，施設設備の点検を行った。本学は自家発電で稼働できる屋外にも伝わる放送設備を設置しているが，これが役に立った。施設設備について緊急を要する問題はなく，深刻な被害もないことも明らかになった。

そうこうするうちに津波警報が発令されたので，本館3階に学生・教職員を移動させた。教職員は3階にある学長室から津波が旧北上川をさかのぼるのを見ていた。「波」ではなく，がれきの山がさかのぼって行った。このようにして石巻専修大学の震災対応が始まった。

11日の16時頃に山本事務部長と札幌にいる学長の坂田との間で電話がつながった。坂田は携帯のワンセグ放送で宮城県沖を震源とする大地震であること，大津波警報が発令されたことを知っていた。山本部長からは人的被害がな

かったこと，校舎に被害はあるが甚大ではないことなどの報告を受けた。避難者を受け入れてよいかという質問には，「入ってもらってください」と坂田は答えた。早急に石巻に戻る努力をすべきかを山本部長に聞いたところ，落ち着いてから戻るほうがよいという意見であった。

19時30分頃にもう一度電話がつながった。今野常務理事からで，近隣住民を含めて約150人が学内にいること，備蓄食糧を配布したことなどの報告があった。育友会という学生の保護者組織からの寄付をいただいて，3年間にわたって非常用の食糧を備蓄してきたのが役に立った。また，大型ディーゼル発電機によって2つの建物の照明を点灯できたことや，それぞれの建物の屋上に上水のタンクがあり，当面の飲料水は確保できていたこともパニックに至らなかった大きな要因であった。

石巻市内で電力を確保し，建物や敷地が無事であった大型施設は石巻赤十字病院と本学だけであった。このため，震災当日から避難所として機能することとなった。また，ほかにもさまざまな機関を学内に収容した。これについては復興共生プロジェクトの部分をご覧いただきたい。

坂田は翌12日朝の飛行機で東京に移動し，千代田区神保町の法人本部に入った。専修大学も神田・生田の両校舎に被害が出ており，神田校舎に帰宅困難者を多数受け入れたこともあって，法人役員はほぼ徹夜で対応をしていた。12日の昼過ぎには常勤役員が全員揃い，14時から善後策をはかる会議を行った。石巻専修大学が数日間しのげそうかどうかを判断し，現地の救援が可能か，学生の安否確認と進行中の入学試験をどうするか，20日に支給予定の教職員の給与をどうするかなどの議論を始めた。給与については法人本部にあったデータをもとに予定どおり支給した。

坂田は17日深夜に庄内空港から，避難中の職員が用意してくれた車を運転して大学に帰任したが，自家発電で明かりが灯っており，NTTの災害電話も設置され，夜間の当直をしていた職員の士気は高かった。この頃は市内の多くが床上浸水していたので教職員が学内に泊まり込んでおり，職員は休日なしで夜間当直もしていた。教員も学生の指導だけでなく，市中での支援活動を行っ

ていた．食事は救援食で，1日500kcal が数日続き，その後1,000kcal 程度の日がしばらく続いた．

1) 安否確認

　学生の安否確認は困難を極めた．石巻専修大学からの通信はソフトバンクの携帯電話が時々つながるだけで，電話による確認はできなかった．学生も避難所などに移動しており，携帯電話も接続できなかった．

　そこで，専修大学のホームページに「無事であった石巻専修大学の学生は石巻専修大学東京事務所に連絡してほしい」という趣旨の掲示を出してもらった．3月12日19時30分のことである．5分後には情報電子工学科の学生から最初の電話がかかってきた．

　東京事務所といっても学校法人の秘書室長が所長を兼務していて，所員はいない．法人の秘書室職員はこれ以降早朝から深夜まで本学学生や関係者からの安否関連の電話の対応に追われた．激しい言葉での問い合わせもあったが，私学の職員らしく，丁寧に対応をしてくれた．

　その後，仙台在住の教員が電話による安否確認を始め，さらに3月19日に固定電話が復旧してからは大学から職員が直接確認をして，最終的に3月30日に安否の確認を終わった．

　在学生が6名，入学予定者が1名亡くなった．その後の追悼式においでになった遺族の方にうかがうと，不自由な家族を助けようとして亡くなった学生が多かった．その後の調査で学生の3分の1に当たる642人が一部損壊以上の罹災をしたか，家計支持に大きな支障をきたしたことが明らかになった．

　教職員は全員無事であったが，家族をすべて失った人もおり，家屋全壊の15人を含めて，教職員の3分の1に当たる45人が一部損壊以上の罹災をした．老親とともに1週間孤立した教員や，2DKのアパートに22人の避難者を収容した教員もいた．

　専修大学のホームページを使わせてもらえたのは大きな力となった．たとえば，3月15日には次のような掲出をして大学の状況を知らせた．

> 「東北地方太平洋沖地震で被災された方々に心からお見舞い申し上げます。石巻専修大学は交通・電気・通信の途絶のためにご迷惑をおかけしておりますが，校舎は大学運営に支障がない機能を保っております。また，開学以来の学籍簿をはじめ，卒業者名簿や修了者名簿も無事に保管されております。
>
> 　石巻専修大学には多数の被災者を受け入れており，ボランティアセンターや石巻赤十字病院にも施設を提供しております。
>
> 　未曾有の災害におそわれましたが，石巻専修大学は今後も引き続き地域と支え合う大学として活動いたします。皆様のますますのご支援をお願い申し上げます。
>
> 　このような状況から，3月20日に予定されております学位記授与式はやむをえず中止することとなります。また，4月4日に予定されております入学式は延期することとなります。学位記の交付方法や入学式の日程，授業再開の日程などが決まりましたら「専修大学」のホームページに掲載いたしますのでご確認ください。」

2）入 学 試 験

　発災時には筆記試験を行う一般入試と，入試センターのデータを使うセンター利用入試の日程が残っていた。一般入試の仙台会場は大きな被害を受けていて，中には入れなかった。代替施設もなく，交通も遮断されていた。石巻市内では石巻駅から本学の対岸に至る市街の多くが浸水しており，公共交通は完全に止まっていた。大学の施設は無事だが，ライフラインが復旧していなかった。このような状況をふまえて，一般入試は提出してもらった書類のみで選考することに決定した。

　石巻専修大学ではインターネットの外部接続がとぎれていて，サーバも立ち上がっていなかった。そこで，入試センターにお願いをして，専修大学にデータをダウンロードさせてもらい，データの翻訳も専修大学にお願いするという手はずをつけて，データを石巻専修大学に送ってもらった。

　石巻郵便局も浸水していたし，沿岸部の郵便局の中には局舎自体がなくなったところもあった。だから，志願票が大学に届かなかった可能性や，受験票が受験生に届いていない可能性があった。そこで，こうした可能性がある受験生

を対象にして，4月に被災者支援特別入試を行った。

　本来，こうしたことは入学試験委員会の議を経て教授会で決定するのだが，非常時なので学長が石巻に帰任した翌日の3月18日に学部長会を開いて決定し，後に追認をしていただいた。

3) 学事暦の変更

　3月20日に予定していた学位記授与式は中止した。ただし，学内に避難していた学生など15人を対象にして，本館1階の事務室前のホールで学長と理工学部長が学位記をひとりずつ全文を読んで授与した。これ以後，5月までは大学に来た卒業生にひとりずつ学位記を授与した。

　学生の住居や交通の確保を考えて，前期の授業開始は5月20日からとした。石巻市内の学生が主に居住していた地域は床上浸水で，アパートなども1階は使用できなかった。また，石巻と仙台あるいは小牛田を結ぶJR東日本の仙石線や石巻線も不通となっており，石巻・仙台間のミヤコーバス臨時便も積み残しや2時間以上の遅延が頻発していた。5月20日というのは，15回の授業を確保しつつ後期の日程を動かさないで済む一番遅い日程である。幸い，授業開始前日の5月19日に石巻線の小牛田・石巻間が開通し，仙台や塩釜方面からの学生・教職員も小牛田から列車で通学が可能となった。

　本学では震災以前から宮城県北部や一関，北上などと本学を結ぶ通学支援バスを運行していたが，交通の不便を緩和するために，仙石線の多賀城から本塩釜，松島海岸経由で本学を結ぶバス路線を追加した。また，ミヤコーバスと交渉して，仙台駅前発石巻専修大学行きのノンストップ便を朝1便設定してもらった。さらに，JR東日本にも交渉をして，東北本線・石巻線経由で仙台と石巻を結ぶノンストップ直行列車を一往復増便してもらった。

　なお，夏休みは8月13日〜16日までとした。このうち2日は土曜，日曜であるから，実質的には2日間である。当初はそれもやめて授業を行うべきであるという意見もあったが，震災後の初盆ということを考えて夏休みをとることにした。学生にも，教職員にも家族や親族を亡くした人は少なくない。

　5月22日には入学式を行った。式辞では，このような経験をした大学にし

かできない教育や研究をすることで，石巻専修大学は社会に貢献をしたいということや，価値観が大きく変わりつつあるときであるからこそ，一人ひとりが腰を据えて勉強し，長い視点で物事を考えてほしいことなどを述べた。

(5) 復興共生プロジェクト

震災直後の 2011 年 3 月 23 日の学部長会で，「被災地のために，大学にしかできないことをしよう」ということを学長が提案し，3 月 30 日の学部長会で正式決定した。まだ教授会を開ける状況にはなかった。

当時の被災地の状況は時々刻々と変化しており，迅速な決定と実行が鍵になると考えていたので，さまざまな規則に従って教授会や学部長会で審議して決定するという通常の道筋をとるのではなく，プロジェクト研究を推進する共創研究センター[1] および地域との連携を推進する大学開放センター[2] の長および学長の 3 名で相談して決めるということになった。また，状況を予測できなかったので，事業内容も「被災地の防災と復興に資する事業」として，必要なことは何でもできる体制にした。

この学部長会では以下のことも決めた。
・被災地の最前線で活動する石巻専修大学が地域復興のセンターとなり，地域とともに復興を目指す。
・被災地域の防災と復興にかかわる事業を行い，これを通じて，大学の教育と研究の高度化を図る。
・さまざまな活動に学生の参加を促し，こうした活動の中で学生一人ひとりの成長を促す。
・地域の復興を支援することにより，学生の生活環境の向上を目指す。
・地域の産業の復興を支援することにより，学生の就職先の拡大を図る。
・地域の教育の復興を支援することにより，小中高校生の本学への関心を涵養するとともに，設置準備中の新学部（平成 25 年設置の人間学部をさす）の

---

[1]：http://www.isenshu-u.ac.jp/general/resarch_center/
[2]：http://www.isenshu-u.ac.jp/general/outreach_center/Extension.html

活動への理解を深める。
・教員の研究領域の拡大を促すことにより，教員の研究の幅と深さの拡大を図り，その成果が教育に反映することを期待する。

　プロジェクトが動き始めた2011年の5月には「復興共生プロジェクト」という名前もついた。私たちの大学は石巻圏域の人々に支えられてできた大学であり，一方で学生・教職員の1/3が被災している大学でもある。したがって，「共生」ということばには被災地の皆さんと一緒に立ち上がっていこうという石巻専修大学の思いが込められている。
　その後，7月29日付で東日本大震災復興対策本部が発表した「東日本大震災からの復興の基本方針」〔復興施策の(3)地域経済活動の再生 ①企業，産業・技術等の(iv)「大学等における復興のためのセンター的機能を整備する。」〕に基づいた文部科学省の「大学等における地域復興のためのセンター的整備事業」に応募し，「石巻専修大学における復興共生プロジェクト推進のためのセンター的機能整備事業」という名前で採択された。これが復興共生プロジェクトの財政的な裏づけの中心である。
　復興共生プロジェクトではさまざまな活動を行っている。主な柱は文部科学省の本学への助成による「石巻専修大学における復興共生プロジェクト推進のためのセンター的機能整備事業」（共創研究センターが主導）と学都仙台コンソーシアムへの助成による「復興大学」による事業（大学開放センターが主導），および本学共創研究センターなどによる大学独自の事業である。各事業および活動の内容を以下に紹介する。

　a．石巻専修大学における復興共生プロジェクト推進のためのセンター的機能整備事業　　表1-1に示す。
　b．復興大学による事業　　「地域復興支援ワンストップサービス・プラットフォーム」という名称にて出前サービスや相談業務により，被災した地域企業や自治体などの現状把握と課題抽出を行い，テーマに応じた大学教員とのマッチングを図り，大学から課題解決に向けた支援・提言を行う。

表1-1　石巻専修大学における復興共生プロジェクト推進のためのセンター的機能整備事業

・石巻圏域の産業復興プロジェクト
　津波による自動車災害をふまえた安全な自動車並びに自動車利用法の開発
・石巻専修大学経営学部地域活性化研究会を中心とした地域貢献活動・復興支援活動
　石巻専修大学経営学部地域活性化研究会「石巻市沿岸部の復元立体模型の製作」
　生活支援ワーキング・グループ：仮設住宅支援、在宅避難者支援、NPO支援
　産業支援ワーキング・グループ：三陸地域の基幹産業である水産業の支援や観光事業のサポート
　教育ワーキング・グループ：防災教育、復興人材育成事業
・被災地域の水産業及び水産加工業支援（試作・試験）
・石巻専修大学の防災能力の強化
　自立可搬浄水プラントの開発
・復興に関連した情報の発信

　c．共創研究センターによる事業　　表1-2に示す。

　d．具体的な活動　　文部科学省の助成や共創研究センター，大学開放センターなどによる復興共生プロジェクトの具体的な活動のうち主立ったものを大学施設の提供，防災や復興に関連する講演やシンポジウム，文化・スポーツ活動，学会などへの協力，被災者支援，教育支援，情報発信，地域支援，産業支援，行政支援，学内の防災・復興教育から以下に紹介する。施設の提供についてはプロジェクトに先行して始まっていたが，これも復興共生プロジェクトの一環として進めた。

①大学施設の提供（表1-3）
②防災や復興に関連する講演会やシンポジウム（表1-4）
③文化・スポーツ活動（表1-5）
④学会等への協力（表1-6）
⑤被災者支援（表1-7）
⑥教育支援（表1-8）
⑦情報発信（表1-9）
⑧地域支援（表1-10）
⑨産業支援（表1-11）

⑩行政支援：石巻市被災企業を対象にアンケートを経営学部教員と学生 69 人により 2011 年 6 月 4 日に実施した。

⑪学内の防災・復興教育

表1-2　共創研究センターによる事業（新規事業のみ）

2011年度	・石巻専修大学・東日本大震災デジタルアーカイブ制作のための調査研究 ・牡鹿半島に生息するニホンジカの北上ルートの解明 ・石巻地域における東日本大震災後の教育および教育支援に関する調査研究 ・換金作物による農地の塩害および重金属汚染の除去ならびに農家の収入確保に関する研究 ・東日本大震災の被災地石巻圏における復興初期のボランティア・ツーリズムの円滑な実施のための条件の研究 ・東日本大震災の津波による自動車災害の発生状況調査 ・石巻ボランティア情報センターの設立・運営による石巻市復興支援の実証的研究 ・復興活動の関係者の状況報告と意見交換とを目的とした"共生プラザ"の開催
2012年度	・災害時のエネルギー源としての水素燃料電池の試験運用 ・放射能の長期モニタリングに適した生物の検討 ・震災からの石巻地域における企業再生実態調査―電子書籍による次世代への提言 ・小型船舶の停船時横ゆれ防止装置の開発 ・東日本大震災で被災した企業の事業継続策に関する産学金連携による実証的研究 ・大学間および地域間交流を目指したワンセグ用番組制作プログラムの開発 ・大型客船寄港による歓迎イベントの企画・運営および地域への経済波及効果の測定 ・ISU健康支援プログラムの石巻地域への展開 ・被災地復興応援「詩」募集プロジェクト ・遊びを通して地域がつながる―こどもの遊び場づくりと地域づくり
2013年度	・東日本大震災による被災と学生の健康指標等の関係に関する調査研究 ・復興ボランティア学の構築に関する研究 ・石巻市の地域性を生かした産学・異業種連携による商品開発手法に関する研究 ・GPSと遺伝子集団解析法を利用したニホンジカ駆除法の確立

表1-3 大学施設の提供

提供場所	用途	提供先	期間	備考
4号館, 本館2階	避難所	石巻市	2011年3月11日～4月28日	最大1,200人
多目的グラウンド	ヘリポート	自衛隊, ボランティア団体, 報道機関など	2011年3月11日～9月30日	
5号館1階, 雨天体育場, 倉庫	事務所, 会議室, 倉庫	石巻市社会福祉協議会災害ボランティアセンター	2011年3月15日～12月30日	
全天候型陸上競技場, 第1・2学生駐車場	駐車場, 大型テント用地	石巻市災害復興支援協議会	2011年3月15日～2012年3月31日	
体育館体育室1・2	救護所	日本赤十字社救護所	2011年3月15日～4月11日	
多目的グラウンド, 構内道路	宿営, 通信基地, 駐車	自衛隊	2011年3月15日～5月10日	
本館中庭	非常用衛星電話所	NTT東日本	2011年3月17日～5月20日	
体育館（アリーナ, 体育室3）, 駐車場, 裏山空地	事務所	宮城県東部地方振興事務所他	2011年4月7日～9月30日	340人
2号館3階（3教室, 準備室）	教室, 実習室, 教員室	石巻赤十字看護専門学校	2011年4月11日～2012年3月31日	140人
4号館前	移動郵便局	日本郵便	2011年4月21日～4月24日	

表1-4 防災や復興に関連する講演会やシンポジウム

内容	演題・講師	開催日
石巻専修大学教員セミナー	震災後の学生支援・三重大学付属病院 鈴木大教授	2011年5月12日
災害復興に関する講演会	災害復興における地域コミュニティの役割―アメリカの経験から・パデュー大学政治学部ダニエル・アルドリッチ准教授	2011年7月19日
震災復興記録集刊行記念フォーラム		2012年3月19日
平成23年度 石巻専修大学共創研究センターシンポジウム―共生社会を目指して		2012年3月17日, 18日
地域連携による防災・減災に向けた取り組み	石巻市, 日本製紙, 愛知工業大学地域防災研究センター	2012年8月27日
農水産物放射能セミナー		2012年10月11日, 18日
復興ボランティア学　シンポジウム&ワークショップ		2013年8月3日

表1-5 文化・スポーツ活動

内　容	出演者など	開催日	備　考
KINA & KALANI コンサート		2011年4月18日	
三遊亭京楽　落語独演会		2011年4月21日	
石巻専修大学吹奏楽研究会慰問コンサート		2011年7月17日	稲井公民館で開催
TBC 夏祭り 2011 "絆みやぎ Smile Again!"		2011年7月24, 25日	東北放送
特別講演会＋ライブコンサート	乙武洋匡, FUNKIST	2011年7月26日	
室内楽コンサート	宮城幸奈, 長谷川樹里, 升谷奈々	2011年7月28日	
東日本大震災復興支援『よみうり元気隊』	日本代表 OB 選手ラグビークリニック	2011年8月19日	
つながれ心　つながれ力　マイタウンコンサート in 石巻 2011	仙台フィルハーモニー管弦楽団	2011年9月11日	
石巻のみなさんへ　音楽のおくりもの	日本フィルハーモニー交響楽団	2011年10月5日	
講演会「生みだす力と創るよろこび」	志茂田景樹	2011年10月8日	
「エクレール・お菓子放浪記」上映会		2011年11月23日	
第3回　石巻かほく亭		2012年2月5日	主催：三陸河北新報社, 共催：石巻専修大学復興共生プロジェクト
谷村新司トーク＆ライブキャラバン「ココロの学校」		2012年2月12日	主催：宮城県, 石巻専修大学復興共生プロジェクトほか
石巻専修大学学長杯フットサル大会　2012		2012年2月18日, 19日	
コンサート	大阪音楽大学ザ・カレッジ・オペラハウス専属管弦楽団	2012年2月22日	
「東日本大震災」を図書館資料から知る		2012年3月1日～30日	
「東日本大震災犠牲者追悼特別演奏会」石巻市民交響楽団第 38 回定期演奏会		2012年3月25日	
「ドイツと日本・絆コンサート」		2012年7月26日	ドイツカンマーゾリステン
石巻市門脇町・南浜町周辺の復元立体模型		2012年7月完成	

3. 東日本大震災後の石巻専修大学の活動　49

TBC夏祭り2012"絆みやぎ　明日へ"	2012年7月21日，22日	東北放送，災害ボランティアサークルネクスト「震災復興希望の缶詰め（販売）」，石原ゼミナール「石巻サバだし焼きそば（販売）」，山崎ゼミナール「復興商店街Jr」等，約80人が参加

表1-6　学会などへの協力

内容	学会	実施日
東日本大震災防災視察調査	地域安全学会	2011年6月22日
東日本大震災特別プログラム	日本経営学会東北部会	2011年11月27日
第8回研究会「大震災からの教訓と課題」	関東政治社会学会（ASPOS, Kanto）	2011年12月4日
熟議カフェ	日本計画行政学会	2011年12月5日
第22回学術総会および公開シンポジウム「ナイル・エチオピア地域と東北の復興」	日本ナイル・エチオピア学会	2013年4月20日，21日

表1-7　ボランティア団体などへの協力

内容	実施日
炊き出し支援（北前そば高田屋）	2011年3月30日
炊き出し支援（菜の花トラストin横浜町）	2011年4月2日
外部からの支援物資の圏域小中高校への配布協力	2011年4月12日から現在に至る
石巻市内の各仮設住宅で不動産，税金，資金調達，事業再生，失業問題，相続，保険，住宅の修理，二重ローンなどの相談会	2011年12月10日，11日
東日本大震災復興支援「専修大学から被災地の皆さんに本を届けようプロジェクト」第1回「本の無料頒布会」	2012年3月17日，18日

表1-8　教育支援

内容	対象	実施日	備考
こどもの絵本の庭	地域安全学会	2011年6月22日	臨時絵本図書館
平成25年度みやぎ県民大学石巻専修大学開放講座「今，人間として生きるとは」	日本経営学会東北部会	2011年6月6日〜7月25日	
大学演習林での校外学習	石巻市立万石浦小学校4年生60人	2011年6月10日	
グラウンドでの園外保育（体操，マラソン，草花遊び）	ひばり幼稚園年少組	2011年6月30日	
青少年のための科学の祭典2011石巻大会		2011年8月11日	
市民のための公開講座「マリンバイオマスエネルギー理解講座」		2011年9月14日	

太陽光発電システム導入に関する勉強会		2011年10月28日	
石巻市立開北小学校の放課後学習で講師ボランティア		2011年12月5日	
防災学習すごろく		2011年7月28日,29日	青少年のための科学の祭典 2012 全国大会出展
茨城県立緑岡高校修学旅行「震災学習」		2012年11月22日	
ふるさと子どもカレッジ	石巻市内小学生24人	2012年12月22日	

表1-9 情報発信

内　容	実施日
国連地域開発センター（UNCRD）東北支援プロジェクトワークショップ	2011年3月1日
仙台学長会議「市民公開シンポジウム」	2012年9月2日
愛知県私立大学事務局長会訪問研修	2012年9月5日
「震災から学ぶこと，自分たちにできること」（奈良女子大学，九州大学）への調査協力	2012年9月20日
私立大学キャンパスシステム研究会との情報交換会	2012年11月16日
静岡大学総合防災センター「震災ヒアリング調査」への協力	2012年11月26日
クリストファー・ウィンシップ氏（米国大使館財務省代表財務官），田中雅美氏（米国大使館副財務官）に状況解説	2013年2月7日
仙台七夕まつり「石巻復興応援プロジェクト」	2013年8月6日～8日

表1-10 地域支援

内　容	実施日
まちづくり懇話会	2011年7月23日～
共生プラザ（共創研究センター サテライトキャンパス企画）	2011年8月19日～
Pride of Japan ―思いを一つに	2011年8月20日,21日
仮設住宅実態調査	2011年8月10日から現在
健康教室「生活不活発病を防ごう」	2011年10月16日
石巻市南境地区周辺マップ（バージョン02）	2012年2月1日

表1-11 産業支援

内　容	対　象	実施日	備　考
被災水産加工会社のOEM（相手先ブランド製品製造）支援	李東勲経営学部准教授，石原慎士経営学部准教授（当時）		

被災事業者「建物・設備」復興支援相談会	経営学部地域活性化研究会	2012年3月15日	
被災地域の水産業及び水産加工業支援シンポジウム	福島美智子理工学部教授	2012年7月4日	
三陸産業再生ネットワーク連携協定	気仙沼商工会議所，石巻商工会議所，気仙沼信用金庫，石巻信用金庫，石巻専修大学	2012年7月13日	高崎市，前橋市
希望の魚プロジェクト2012 第2回みやぎの水産・復興ブランドフェア	三陸産業再生ネットワーク，経営学部石原ゼミ	2012年9月7日〜9日	
水産加工支援に関する研究・分析ができる機器・装置の勉強会		2012年12月19日	
水産加工業試作品の製作	山徳平塚水産株式会社	2013年1月18日	
復興ブランドフォーラム	三陸産業再生ネットワーク	2013年2月20日	

表1-12　学内の防災・復興教育

内　容	実施者	実施日
石巻専修大学の学生によるボランティア活動の説明会		2011年5月11日
歴史学講座「石巻学」（経営学部1年次基礎ゼミナール）	佐々木万亀夫教授ほか	2011年前期
（社）石巻災害復興支援協議会企画のボランティアリーダー講習会への参加		2011年9月9日，20日
ボランティアサークル団結式		2011年9月13日
自立可搬式浄水ミニプラントを学ぶ	理工学部機械工学科学生38人	2012年10月1日
第41回「リーダーシッププログラム」	主催：一般財団法人貿易研修センター 共催：東北経済産業局	2013年4月17日
「石巻おだづもっこサミット」経営道フォーラム―人材戦略と企業文化		2013年7月27日

(6) 地域復興拠点としての石巻専修大学

　このように石巻専修大学は震災と津波に耐えて，震災直後から石巻地域にさまざまな貢献を行ってきた。発災直後の緊急対応については，安全な立地と頑強な建物，3台の大型ディーゼル発電機，有能な教職員，私学の柔軟で迅速な意思決定，有能な管理会社の存在などが大きな要因であったと考える。
　その後，被災地域の復旧と復興に貢献するために復興共生プロジェクトを進

めている。地元の自治体や住民の方たち，金融機関，商工会議所と協力して事業を進めているが，そうした中で日本家政学会との協力は大きな意味をもっている。家政学には，家政原論をはじめとして，住居，被服，食物・栄養，保育，家庭経営，ジェンダーなど，被災者が直面する問題の多くをカバーできる領域が含まれている。限られた学部構成の石巻専修大学にとっては力強い相談相手でもある。また，現地から離れた本拠地から来てくださる会員の方たちの客観的な視点も大きな力である。さらに，実際の調査や支援活動にあたっては，それぞれの専門家が学会員におられるので，さまざまなご指導をいただけるのも有り難い。

　上に述べたようなさまざまな活動に学生も多く参加しているが，参加した学生には明らかな進歩がみられる。たとえば，計画的に物事を進める能力や，文書能力，発表能力，謹聴能力である。また，参加している教員は，研究の幅が広がっただけでなく地域の住民や産業界との人的なつながりができ，研究者として明らかに進歩した。こうした教育・研究能力の深化が復興共生プロジェクトの最終目的なのである。とりわけ，2013年度から始めた共創研究センターの「復興ボランティア学の構築」は，復興期のボランティアがどのようにあるべきか，そうした活動に貢献できる人材をどのように育成したらよいのかなど，新しい学問分野を創出できる兆しがみえている。この萌芽を大切に育てて，石巻専修大学発の新しい学問領域を形づくりたいと思っている。これこそが，復興共生プロジェクトを外部から支えてくださっている皆様への恩返しだと考えるからである。

　私たちの大学は被災地のただ中にあるので，帰るところも撤退するところもない。途中でやめて，引き上げるという選択肢もない。だから，復興という長い戦いを地域の皆さんと一緒に進めることになる。そのため，派手で格好のいいことを気楽に始めるわけにはいかない。10年，20年と続けられることを地域の人と一緒に，地道に進めるという選択肢しか石巻専修大学にはない。これからも，学外のさまざまな方々のお力を借りながら活動を続けたい。

第2章 ボランティアの生活支援活動からみる被災者の生活実態

1. 石巻復興支援協議会のボランティア活動

(1) 東日本大震災におけるボランティア活動
1) 災害ボランティア

　1923年に発生した関東大震災でも，ボランティアは活動[1]している。東京府（当時）は現在の地域防災計画に該当する非常災害事務取扱規定で，軍隊とともに「青年団体, …（略）…慈善団, 学校其他有志者の救援連絡等」の記述があることから，大正期においても災害ボランティアの役割が期待されており，災害時には実際に炊き出しなどを行ったとされている。

　1995年に発生した阪神・淡路大震災は，死者（関連死含む）6,434人，避難者数約31万人，住家被害全壊約10万棟を発生させ，死者数では1959（昭和34）年の伊勢湾台風を超え，戦後最大の災害となった。このような大規模な災害では，公的機関による救援，いわゆる公助で対応できる範囲は限られ，発災直後の救助活動から，避難所開設・運営，仮設住宅での支援などにおいて公的機関以外の団体，企業，市民による支援活動が大規模に実施された。阪神・淡路大震災は被災規模は大きいものの，激甚な被害となった地域が比較的狭く，被災地から数十キロ離れた大阪府での被害は一部地域に限られ，人員・物資による支援を行いやすい地理的条件ではあった。また，初期の段階では組織化されていなかったボランティアも多かったが，時間の経過とともに被災者のニー

ズを掘り起こし，マッチング，コーディネートなどを行いつつ，組織的に支援を行う団体が設立され，効率的な支援が行われた。さらに，ボランティアの専門性を活かした支援も行われ，後の各種災害への教訓となっている。

　阪神・淡路大震災では延べ137万人のボランティアが活動し，後に1995年は「ボランティア元年」とよばれることになった。毎年1月17日は「防災とボランティアの日」となっている。阪神・淡路大震災をきっかけに災害支援においてボランティアの位置づけが明確化され，政府の防災基本計画にもボランティアに関する項目が設けられることになった。その後，ナホトカ号重油災害など自然災害以外でもボランティアが活躍した。また，ボランティア活動などを行う団体に法人格を付与し，円滑な活動を行えるよう1998年には特定非営利活動促進法（通称NPO法）が制定され，ボランティアの活動基盤が整備されている。

2) 災害ボランティアセンターの概要

　大規模災害時には，被災地の行政機関，地域防災組織なども混乱しボランティアが駆けつけても，円滑に対応し，コーディネートすることが困難となる。また，団体・個人を問わずボランティアが継続的に支援活動を行うための基盤整備として，資金や物資の調達や活動拠点の確保の必要性がある。そこで，ボランティアに関する調整業務（コーディネート）を一括して担うボランティアセンターの必要性が認識され，現在では大規模な災害が発生すると，被災地の都道府県社会福祉協議会と市町村社会福祉協議会が災害ボランティアセンターを設置・運営することになっている。社会福祉協議会が設置するボランティアセンターでは，ボランティア希望者の受付・登録，被災者からのボランティアニーズ受付，情報収集・発信などを分担し，社会福祉協議会職員とボランティアが業務を行う。また，必要に応じて被災地域外の社会福祉協議会からの応援要員も加わり，業務を行う。社会福祉協議会は社会福祉法人であり行政機関ではないものの，平常時から福祉業務などで行政機関と連携している場合も多く，災害時にも連携して対応にあたることが多い。災害ボランティアセンターは災害時に立ち上げられる場合も多いが，一部地域では常設している。例えば，京都府災害ボランティアセンターでは，行政，社会福祉協議会，NPO，ボラ

ンティア団体などが平常時から連携し，人材養成や防災訓練への参加を行っている。東日本大震災や今後発生が懸念される，南海トラフ巨大地震災害などでは発災直後に被災地へ到達することが困難なことも考えられ，発災前に災害ボランティアセンターの体制を整えておくことで，事後対応が多くなる災害ボランティア活動をより効率的・効果的に実施できると考えられる。近年は，被災地での受入環境を整え，災害ボランティアが効率的に活躍できることと目的として，ボランティアを受入れる地域の体制づくりが課題となっている。自治会や自主防災組織の災害ボランティア受入能力を「受援力」とよび，これを醸成することが災害に強いまちづくりへつながると考えられる。

3）東日本大震災における災害ボランティアセンター

　東北3県（岩手・宮城・福島）では発災直後から災害ボランティアセンターが設置され，支援活動が実施された。最大で岩手県27センター，宮城県39センター，福島県38センターの計104センターが設置[2]されたが，発災直後には被災地への交通途絶，社会福祉協議会職員・拠点の被災などもあり設置に時間を要した。また，被災地外からのボランティア受け入れにも困難な状況があり，地元住民中心のボランティア活動が実施された。2011年4月以降は，受け入れ体制も整いマッチングが進められた。5月以降は各地域で復旧状況に差が出始め，家屋の片づけ，避難所支援に加えて，被災者個人の多様なニーズへの対応が始まった。応急仮設住宅の建設が始まると，仮設住宅における被災者の生活支援を行う「生活支援相談員」の準備が開始された。3県の61市町村社会福祉協議会では約520人の相談員を雇用し，生活支援相談業務が開始[2]され，現在も継続している。一方で，東日本大震災では民間の賃貸住宅借り上げにより，「みなし仮設住宅」に避難している被災者も多く，応急仮設住宅と比較して行政の目が行き届きにくい被災者への支援も，一部地域では社会福祉協議会が担っている。

　各市町村の災害ボランティアセンターを経由して活動したボランティア数[2]は図2-1のとおりである。発災直後は交通事情が悪かったため，被災地外から被災地へ入るボランティアは少なかったが，2011年3月下旬からは一部地域

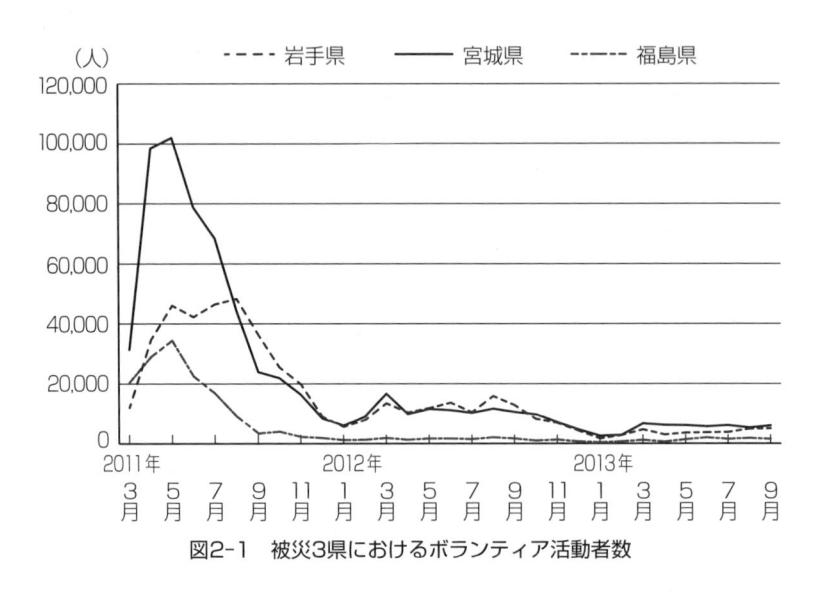

図2-1　被災3県におけるボランティア活動者数

ではボランティアバスの運行が始まり、5月のゴールデンウィークには最大数のボランティアが活動することになった。災害ボランティアセンターを経由せずに、NGO/NPOのボランティア、個人のボランティアも被災地で活動していたため、総数はさらに多いと考えられる。

図2-2　名取市災害ボランティアセンター
（名取市にて2011年3月19日撮影）

宮城県災害ボランティアセンターでは、地元組織以外にもNGO/NPO、企業などが加わり、3月29日には広域・長期的支援のため、これらの団体との協働体制がとられた。さらに、団体間の連絡・調整のための中間支援組織としてみやぎ連携復興センターが設置され、情報交換が行われている。

4）NGO/NPOなどによる災害ボランティア活動

NGOとは非政府組織（nongovernmental organization）であり、代表的なものでは国際赤十字やYMCAなどがあり、国連と連携して活動を行う組織も

ある。一般的には国際的かつ公益的な活動を行い，災害時には緊急人道支援を行う。わが国では，緊急人道支援にかかわるNGOへの資金援助や，NGOの迅速かつ効果的な活動を目的とした枠組みとして2000年にジャパン・プラットフォームが設立され，40の団体が加盟している。東日本大震災でも多くの団体が，国内外の既往災害への支援経験とボランティアコーディネート能力を活用し，発災直後から被災地へ入り活動を展開した。

一方，NPOは狭義では社会貢献活動を行う非営利団体（nonprofit organization）であり，特定非営利活動促進法（NPO法）で法人格を得た団体をさす。NPO法の制定は阪神・淡路大震災での災害ボランティア活動が契機となっており，東日本大震災でも多くのNPOが発災直後から被災地へ入り活動を展開した。また，NPO法人格をもたない各種ボランティア団体も同様に支援活動を行った。

宮城県では，県，内閣府，自衛隊，ボランティア（社協，ジャパン・プラットフォームなど）が情報を共有し，効果的なボランティア活動を行うために，被災者支援4者会議が開催された。加えて，市町村行政，災害ボランティアセンターなど，自衛隊による3者調整会議も開催された。このような，連携の取り組みは過去の災害においてはほとんど実施されておらず，官民連携による被災者支援の新しい形態として注目されている。これらの取り組みの代表的なものが，次項の石巻災害復興支援協議会である。

図2-3　ボランティア・企業・自衛隊による支援物資運搬
（名取市にて2011年3月19日撮影）

(2) 石巻災害復興支援協議会
1) 発災直後の災害ボランティア活動

発災直後，石巻市社会福祉協議会が災害ボランティアセンターを開設し，石巻市における災害ボランティアの活動が始まった。ボランティアセンターで

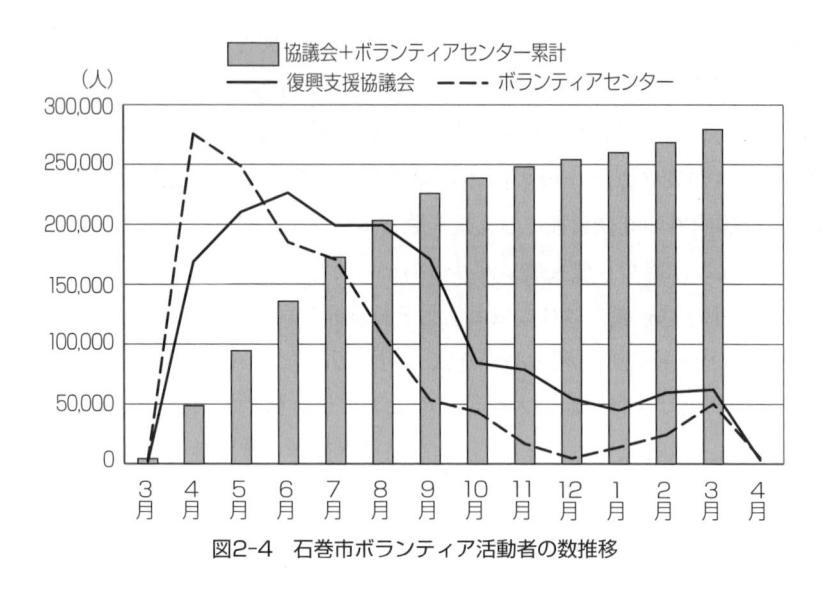

図2-4 石巻市ボランティア活動者の数推移

は，発災前の枠組みどおり，被災者からのニーズ申し出に基づき，ボランティアを派遣した。一方で，過去の災害において支援経験のあるNGO/NPOなどの団体は被災者からの申し出を待たず，発生しうるニーズをあらかじめ想定し，自発的に支援活動を開始した。発災から1週間程度たつと，被災地入りするNGO/NPOなどが増加していたが，活動拠点が不足していた。そこで，3月20日には「NPO・NGO支援連絡会」が発足し，NGO/NPOなどの情報共有，調整，災害ボランティアセンターとの分担などの役割を担った。災害支援経験の豊富な団体のノウハウが他団体へ展開される基盤ともなった。石巻市で活動したボランティア数は図2-4[3]のとおりである。

発災から時間が経過するにつれ，災害ボランティアセンターには全国のボランティア希望者からの問い合わせ，実際に石巻入りしたボランティアへの対応，被災者からのニーズ申し出が殺到した。同様に，活動を開始していたNGO/NPOなどにも被災地での炊き出しなどの支援活動を希望する団体から問い合わせが殺到し，本来の支援業務に支障をきたす可能性もあった。「NGO/NPO連絡会」では，毎日各団体が活動報告を行い，課題提起や情報共有が行

われたが，発災前から石巻市など地元にパイプをもつ団体はなく，行政との調整に課題が多く存在した．そこで，地元で建設業を営む伊藤秀樹氏が中心となり，「NGO・NPO 支援連絡会」は「石巻災害復興支援協議会」として4月2日に名称変更をし再スタートを切り，5月13日には一般社団法人化されている．伊藤氏は初代代表であり，理事3名（会長含む），監事1名，会計監査人1名，事務局員17名（2011年11月現在）の体制となっている．

　復興支援協議会は発災から1か月程度たった時期からは石巻市の災害対策本部会議に出席し，また，自衛隊・行政との3者会議も設置され，石巻市における災害支援に必要不可欠な存在となっていった．特に自衛隊とは炊き出しにおいて役割分担が円滑にでき，大規模避難所での炊き出しは自衛隊，小規模な炊き出しはボランティア団体など効率的な支援が実施された．さらに，食料の調達を行政

図2-5　復興支援協議会事務局に掲げられたビブス

が担うなど，ボランティア団体に不足しがちな資金面での支援を行政が行う体制もとられた．

2）石巻復興支援協議会の活動

　石巻市を拠点に災害支援活動を行う NGO/NPO などの団体が情報を共有し，効率的で円滑に活動できるよう支援することを目的としている．各団体の代表者が出席する全体会は3月20日〜7月9日までは毎日行われ，その後頻度を減らしながら，2012年5月6日まで，計282回開催された．しかしながら，団体が増加するにつれ全体会の時間が長引き，日中の活動で疲労しているボランティアにとっては好ましくない状況になってきていた．そこで，活動分野別に分科会を設置し，具体的な活動内容は分科会で話し合われることになった．分科会は，炊き出し，メディカル，リラクゼーション，心のケア，キッズ，移送，マッドバスターズ（泥清掃），生活支援，復興マインド，ダニバスターズ（避難所衛生改善），仮設サロン，浜支援の12分科会[3,4]が設けられた．

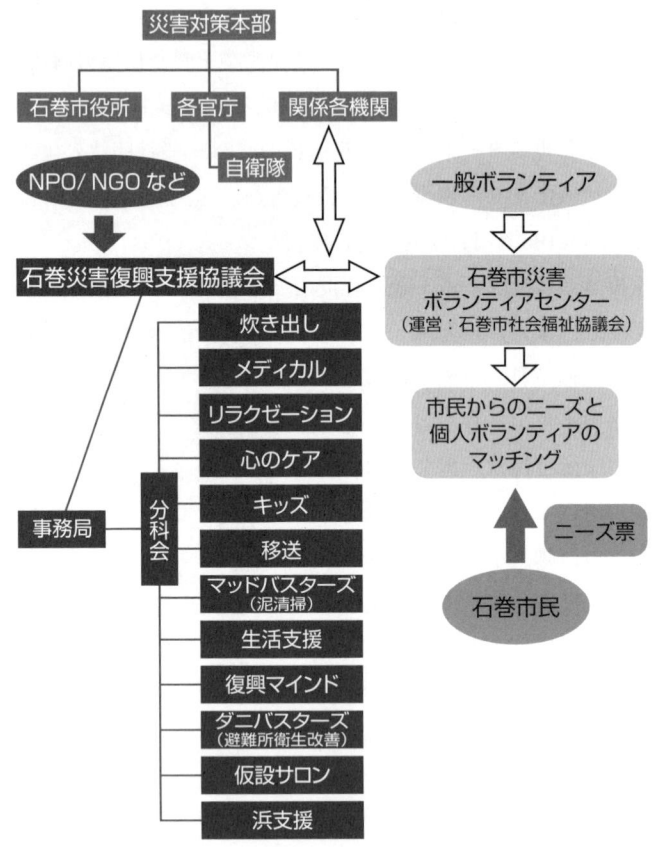

図 2-6　協議会組織図（2011 年 12 月）

石巻災害復興支援協議会，2011

a. 炊き出し　　震災直後は被災者への食料供給が緊急の課題となり，多くのボランティアが炊き出しを行ったが，時には同じ避難所に炊き出しが重複することもあった。そこで，協議会が石巻市内全域に炊き出しが行き渡るように調整し，さらに行政や自衛隊とも情報交換し支援を継続した。最大 20,000 食/日を提供し，7 か月間で合計 878,000 食が提供された。緊急期が過ぎた後は，自炊支援として食材や機材提供の役割を担った。

b. メディカル　　石巻赤十字病院には震災直後から DMAT（災害派遣医療）

チームが集まり，多くの医師・看護師ら有資格者や医療関係者が石巻市内で支援活動を行った。地元医療機関や行政と連携しつつ，避難所での健康相談や地域医療・在宅医療も行われ，協議会と協働して支援が行われた。

c. リラクゼーション　整体師，鍼灸師，柔道整復師，美容師，エステティシャンなどの専門性をもつボランティアが，避難生活で疲弊した被災者にリラックスできる時間を提供するための支援が行われた。整体や足湯で避難所を巡回し被災者へ癒しの場を提供するとともに，くつろいだ雰囲気で被災者の話し相手となり，さまざまなニーズや相談事を受け，被災者の生の声を協議会で共有することにもつながる支援であった。

d. 心のケア　臨床心理士，ケアワーカーなどの心理サポートの専門家などの団体が主で，リラクゼーションチームと連携することもあり，炊き出しや物資配布を行いながら被災者との自然なコミュニケーションを通じて精神的負担を軽減するための支援が行われた。さらに，小学校の登下校サポートや避難所夜間巡回や交流の場であるコミュニティカフェを設置した団体もあった。

e. キッズ　多くの被災した子どもたちは慣れない避難所や仮設住宅で不自由な生活を強いられ，遊び慣れた公園や学校のグラウンドが仮設住宅で埋め尽くされてしまった。大人でも多大なストレスを感じる災害を経験し，一生懸命に生活している子どもたちのために全国からボランティアが駆けつけ，移動図書館，音楽ライブ，紙芝居，学習支援などを行った。一見元気そうな子どもでも内面にはさまざまな不安を抱えていたりする中で，未来を担う子どもたちの笑顔を増やすことを目的として支援が行われている。

f. 移送　震災により自家用車が流されたり，交通の利便性の低い仮設住宅で生活する被災者は買物や医療機関へ行くこともままならない状況になった。特に普段から歩行に支障のある被災者の移動の問題は深刻であった。そこで，福祉車両などを保有し，移送支援を専門とする団体が中心となり，送迎サービスが提供された。入浴介助やストレッチャー搬送も実施され，仮設住宅入居後も継続した支援が行われた。

g. マッドバスターズ　東日本大震災の特徴として，大規模な津波が発生

したため，市街地へ流入した泥やがれきの処理が復旧における大きな課題となった。重機での対応が難しい状況では人海戦術に頼らざるをえず，大量のボランティアによる泥かき，清掃作業が実施された。さらに，路上や個人宅の清掃に加えて家具の運び出しなども行った。公道は行政の委託業者，私有地や民家はボランティア団体と役割を分担して活動が行われた。また，2011年4月10日には「まちなかスマイルプロジェクト」が始動し，1日当たり1,000人のボランティアが市街中央で活動し，石巻市においてボランティアの活動が市民に浸透するきっかけとなった。

h. 生活支援 石巻，女川(おながわ)地区の全仮設住宅に居住する住民を対象として，仮設住宅への引越補助，日用品，台所用品，寝具などの搬入や避難所の網戸の取り付け，入浴支援が行われた。大規模な支援から細かい支援まで，住民の生活ニーズに合わせた支援が提供された。特に仮設住宅では入居段階から暑熱対策や防虫対策のニーズが発生し，ボランティアによる支援が行われた。

i. 復興マインド 災害支援のフェーズが変化する中で，緊急期の対応の後に新たな分科会として設立され，縁日やお祭，泥かき・泥だしの後に発見された拾得物を洗浄して展示する，花植えなどの活動が行われた。他の分科会と連携しつつ，多くのイベントが実施され震災後の後ろ向きな状況で，住民と一緒に笑い，時には話し合い，復興に向けて前向きな意識を向上させる支援を行っている。

j. ダニバスターズ 災害時の避難所などでは風邪などの疾患が流行することが知られている。その対策として，避難所環境の改善が効果的であり，協議会において登録団体の融資により分科会が発足した。保健所や石巻赤十字病院と連携しつつ，避難所での清掃活動，毛布提供，寝具乾燥が主な活動である。2か月間に避難所で生活する被災者2,828人の寝具をふとん乾燥機や乾燥トラックにより乾燥させ，ダニの駆除を行った。また，避難者と共同で清掃活動を行い，日常的な整理整頓と清掃を呼びかけ，自発的な衛生環境改善を促した。今までの災害ではあまりみられないが疾患予防という観点では非常に効果的な支援活動である。

k. 仮設サロン　石巻市の多くの仮設住宅では，震災前の居住地域でまとまった形態で入居しておらず，新たなコミュニティづくりが求められた．各団体はコミュニティ形成の必要性を認識し，仮設住宅の集会所や談話室を利用してお茶会（「お茶っこ」）や足湯会，健康相談や体操などの多様な活動を展開した．対象者は高齢者から子どもまで多様な世代であり，交流する場をつくることによりコミュニケーションの輪が広がっていった．また，コミュニティ支援として自治会形成を促す活動も行っている．

l. 漁業支援　浜支援ともよばれ，石巻市の雄勝地区や牡鹿半島の漁港を中心に，震災で散乱した漁具やゴミの回収が行われた．カヌーを活用して海上で清掃する活動もあり，ボランティアの特色が生かされた．また，ワカメ，牡蠣，ホタテの養殖準備などの支援も行われ，石巻市の重要な産業の一つである漁業の再生の一助となった．

m. 物資配布・ローラー　東日本大震災の特徴として仮設住宅ではなく借り上げの民間住宅など（みなし仮設）へ避難した被災者が多い．また，住宅の被災が軽微であったため継続して居住している世帯でも，救援物資を必要とする世帯も多かったが，仮設住宅と比較して避難実態が把握しにくい状況であった．そこで，ローラー作戦で訪問調査を行い，物資を届ける支援が行われた．その後，行政による支援へと引き継がれた．

引用文献
1) 鈴木淳：関東大震災 消防・医療・ボランティアから検証する．p.32, ちくま新書，2004.
2) 社会福祉法人全国社会福祉協議会，全国ボランティア・市民活動振興センター：東日本大震災災害ボランティアセンター報告書．pp.8, 19, 31, 2012.
3) 一般社団法人石巻災害復興支援協議会：ボランティア調整業務中間報告書．p.7, 参考資料頁，2011.
4) 一般社団法人石巻災害復興支援協議会：3.11 東日本大震災から2年 石巻災害復興支援協議会活動報告書．2013, pp.14-15, http://ishinomaki-support.com/ （2013年11月閲覧）．

参考文献
・一般社団法人石巻災害復興支援協議会,一般社団法人石巻災害復興支援協議会ホームページ(http://gambappe.ecom-plat.jp/,2013年10月アクセス可能)
・一般社団法人みらいサポート石巻,一般社団法人みらいサポート石巻ホームページ(http://ishinomaki-support.com/,2013年10月アクセス可能)
・中原一歩:奇跡の災害ボランティア「石巻モデル」.朝日新聞出版,2011
・野田正彰:災害救援.岩波新書,1995
・村井雅清:災害ボランティアの心構え.ソフトバンク新書,2011
・山下祐介,菅磨志保:震災ボランティアの社会学.ミネルヴァ書房,2002

2. ボランティア団体へのインタビューからみる生活復興過程

(1) ボランティア団体へのインタビュー調査の概要

　東日本大震災の発生直後から，被災地では多くのボランティアによる支援活動が始められた。石巻市における災害ボランティア活動の特徴として，社会福祉協議会が設置・運営を進めた災害ボランティアセンターや自衛隊の支援活動に加えて，NPO（特定非営利法人）やNGO（非政府組織）などの支援団体の活躍があげられる。石巻市では，これまでに340を超える支援団体が活動を行い[1]，今もなお，その支援活動は続いている。

　東日本大震災日本家政学会（JSHE）生活研究プロジェクトでは，震災後の支援活動の整理を目的とし，石巻市で継続的に活動を行う支援団体を対象にインタビュー調査を行っている。インタビューは，震災後1年が経過した2012年3月以降に，支援団体の代表およびスタッフを対象とし，支援活動を振り返る形で実施した。表2-1は，これまでにインタビュー調査にご協力いただいた18団体（33名）の概要を示す（2013年10月31日現在）。支援団体は，阪神・淡路大震災や新潟中越地震など国内での災害ボランティア経験のある団体や，国際ボランティアなど震災前の活動を活かしたかたちで震災後の支援活動を行う団体，震災後に設立した団体など東日本大震災後の災害支援活動開始の経緯はさまざまであった。

　前節ですでに述べられたとおり，石巻には震災発生直後より多くの災害ボランティアが活動に入ってきたことから，震災発生から10日程度経過した頃より，NPO/NGO連絡会が開かれるようになった。2011年4月2日からは一般社団法人石巻災害復興支援協議会（現：一般社団法人みらいサポート）として地元と支援団体とのパイプ役として活動を開始し，支援団体間での情報共有，市民ニーズとの調整，行政や自衛隊，災害ボランティアセンターとの調整などの役割を担った。

表2-1　インタビュー調査の対象団体

No.	団体	回数	協力者	炊き出し・物資	移動	子ども・教育	看護・介護	仕事	コミュニティ形成	その他	震災前の活動内容	災害支援活動
1	一般社団法人 石巻災害復興支援協議会（現：一般社団法人みらいサポート石巻）	3	2名（代表，事務理事）	取りまとめ・調整							震災後に設立	
2	一般社団法人A	2	3名（現地責任者，スタッフ）	○				○	○	○	国際交流	阪神・淡路大震災他
3	特定非営利活動法人B	2	3名（代表，スタッフ）						○		スポーツ振興	
4	任意団体C	2	2名（代表，スタッフ）			○	○				震災後に設立	
5	NPO法人D	1	1名（代表）			○					震災後に設立	
6	一般社団法人E	1	3名（代表，スタッフ，ボランティア）	○	○				○		震災後に設立	阪神・淡路大震災他
7	特定非営利活動法人F	2	2名（代表，事務局長）			○					環境問題，子育て	
8	NPO法人G	1	3名（現地責任者，スタッフ）	○	○			○			国際ボランティア	
9	一般社団法人H	1	1名（代表）		○						震災後に設立	
10	一般社団法人I	2	3名（理事長，理事，スタッフ）			○					震災後に設立	
11	任意団体J	2	1名（代表）			○					震災後に設立	
12	任意団体K	1	2名（現地責任者，スタッフ）	○	○						国際ボランティア	
13	任意団体L	1	2名（スタッフ）	○		○	○				障害者支援（活動母体）	
14	一般社団法人M	1	1名（所長）				○				訪問看護	
15	認定NPO法人・特定非営利活動法人N	1	1名（現地責任者）	○				○	○		国際ボランティア	新潟中越地震
16	宗教法人O	1	1名（現地責任者）	○						○	社会福祉活動	
17	任意団体P	1	1名（代表）			○					震災後に設立	
18	任意団体Q	1	1名（代表）			○					震災後に設立	

(2013年10月31日　現在)

その他の団体では，過去の災害ボランティア経験や震災前の活動を活かすかたちで支援活動が開始され，復旧・復興の過程の中で次第に支援内容が変化する様子がみられた。

（2）復旧・復興フェーズおよびニーズの変化

インタビュー調査により明らかとなった各団体の支援内容を時系列的に整理した。表2-2に，復旧・復興フェーズの概要を示す。被災者のニーズおよび支援内容は，震災後の時間経過に伴い，また被災者の生活の場が避難所，仮設住宅，復興公営住宅へと移り変わるにつれて変化してきた。本項では，各フェーズにおける被災者の生活状況および支援内容の特徴をまとめる。

1）緊急期：直後～数日後

震災発生直後，多くの被災者は避難所で過ごすことになったが，着の身着の

表2-2　復旧・復興フェーズの変化

フェーズ	時期	場所	状況	支援団体による活動内容
緊急期	直後～72時間後	避難場所，在宅	・救出・捜索活動，安否確認 ・物資の量的不足	・物資供給 ・炊き出し
復旧期	数日～6か月後		・避難所の運営 ・避難所間や在宅－避難所による支援状況の差 ・衛生面の整備	・避難所の環境整備 ・健康サポート（看護，入浴） ・移動サポート ・子どもの遊び場作り ・がれき撤去，清掃
復旧期	6か月～1年後	仮設住宅，在宅	・仮設住宅での新たなコミュニティ形成	・お茶っこ（お茶会） ・イベントやワークショップの開催
復興に向けて	1～2年後		・収入・生きがいの喪失への対策	・漁業・店舗再開サポート ・内職・就労・起業サポート
復興期	2年後～	仮設住宅，復興住宅，在宅	・支援団体の減少，支援の継続性の問題	・復興まちづくりのための自立・自活サポート

まま避難してきた人も多く，食料品，衣服，生活用品などの不足が大きな問題となった。阪神・淡路大震災や新潟中越地震など国内での災害ボランティア経験のある団体は，震災発生後，数日～1週間以内には物資などを持って被災地入りをした。量的な不足を補うため救援物資の配給や，炊き出しが行われ始めた。

2）復旧期Ⅰ：数日～6か月後

　震災発生から1週間程度経過すると，過去に災害ボランティア経験のある団体メンバーが中心となって，石巻市で新たに活動を始める支援団体の受け入れ体制づくりが進んだ。受け入れ団体のとりまとめや調整を行うために，活動団体を集めた連絡会が開催されるようになりNPO/NGO支援連絡会が発足，後に石巻災害復興支援協議会に改称した。救援物資や炊き出しは徐々に増加したが，避難所間や避難所と在宅でその量に差がみられるようになった。また，震災発生直後のすべてが不足していた状況から1か月程度経過して，個々にとって必要なものが選別されるようになったことから，石巻災害復興支援協議会を中心とした支援団体間での情報共有や，物資の仕分け，整理が行われるようになっていった。

　震災発生数日後以降，屋内の泥だし，道路の泥かきやがれき撤去も進められるようになった。特に，5月の連休頃には被災地を訪れた多くのボランティアによって実施された。泥だし・泥かきやがれき撤去は，震災発生6か月以降に徐々に落ち着いたが，清掃や改修などの作業は引き続き行われた。

　また，津波によって所有していた車を失った被災者も多かったことから，移動サポートも求められた。震災発生1～2か月後までは，年齢などにかかわらず病院，避難所，自宅との往復などに移動サポートの利用は多く，2～3か月後には葬儀関係での移動が増加した。4か月頃からタクシーの復旧や，再び自動車を所有する人が増えていき，移動サポートの利用は障がい者や高齢者が中心となっていった。

　避難所では，長引く避難所生活の中で，環境整備が求められるようになっていった。避難所での集団生活，ライフラインの途絶による劣悪な環境，通常の

医療を受けられない状況などから，慢性疾患の悪化，感染症や伝染性疾患の蔓延，PTSDなどへの対応が求められ，看護サポートは24時間体制で必要な状況であった．次第に，衛生面のサポートとして，避難所の清掃や，入浴支援，ダニ対策なども開始された．

避難所には遊び場が少なく子どもへのストレスになっていたこと，保護者自身のストレスも大きくなっていたことや家族・親戚の安否確認や自宅の状況確認などに出かける必要があったことなどから，避難所の中で遊び道具の提供や遊び場づくりのサポートをする団体も徐々に増えていった．

震災発生から1〜2か月程度経過すると，避難所の秩序維持や衛生管理のために避難所の運営体制を整備する必要が出てきた．避難所によっては，震災直後は施設の管理者である市職員や学校関係者が中心となって行っていた管理運営を，少しずつ避難者に移行していくようになった．避難者の中から代表者が選出され運営組織ができ，避難所の生活ルールができていった．ボランティアも避難所運営や整備のサポートを行った．

3）復旧期Ⅱ：6か月〜1年後

石巻市では震災発生から1か月半が経過した2011年4月末から仮設住宅への入居が始まった．図2-7に石巻市内の仮設住宅を示す．2011年7月（震災発生から4か月後）頃からは仮設住宅に入居する人が増加し，生活の場所および支援の中心は避難所から仮設住宅に移行した．なお，石巻市では2011年10

図2-7　石巻市の仮設住宅

月11日に避難所を閉鎖した。仮設住宅への入居に合わせて，仮設住宅で新たに使用する家具・家電などの物資支給や引っ越しサポートが行われた。

　石巻市では一部，震災前の地区で集団入居した仮設住宅もあるものの，多くは仮設住宅への入居は抽選方式で決定された。そのため，仮設住宅での最初の問題は，新たに暮らすこととなった仮設住宅に関する情報不足であり，仮設住宅の設備や住まい方，周辺地域などに関する情報誌が発行されるようになった。情報誌の配布は，各戸の居住者の様子を確認し，孤独死などの防止をする目的も含まれていた。孤独死は阪神・淡路大震災後の仮設住宅や復興公営住宅で大きな問題となったこともあり[2]，阪神・淡路大震災などでの災害ボランティア経験のある団体では過去の経験から孤独死対策が重視されて，情報誌など

ボランティアによって団地内に設置されたベンチ

ボランティアによる壁面へのペイント

図2-8　仮設住宅における支援活動①

集会所の掲示（イベントなどの案内）

ボランティアによる訪問活動

集会所で開催されたクリスマス会

図2-9　仮設住宅における支援活動②

2. ボランティア団体へのインタビューからみる生活復興過程　71

の配布や訪問活動が実施された。図 2-8 と図 2-9 は仮設住宅における支援活動の様子である。

　仮設住宅でのコミュニティ形成も重視された。コミュニティづくりの支援として，多く行われていたのが"お茶っこ"である。お茶っこは宮城県の方言で，お茶会を意味する。仮設住宅の近隣住民と集まるきっかけとして，さまざまな支援団体でお茶っこが開催された。図 2-10 にも示すとおり，お茶っこは，次第にクリスマス会や餅つき大会などのイベントや，手芸や日曜大工，ヨガなどの運動などの趣味や生きがいにつながるようなワークショップに発展していった。なお，これらのお茶っこ，ワークショップ，イベントについては，2011年 7 月頃（震災発生から 4 か月後）に開始された当初の参加費は無料であったが，2011 年 10 月頃（震災発生から 7 か月後）より徐々に住民から「無料では悪い」「有料でもよいから美味しいコーヒーが飲みたい」などの声が聞かれるようになり，2012 年 3 月頃（震災発生から 1 年後）には，飲食代やワークショップの材料費などの一部を参加費として集める団体が多くなった。

　これに関連して，炊き出しは，2011 年 7 月頃（震災発生から 4 か月後）から生活の場の変化や夏季の食中毒などの心配の面から，被災者からは徐々に遠慮する声が聞かれるようになり，避難所の閉鎖時期と同じく，10 月上旬まで

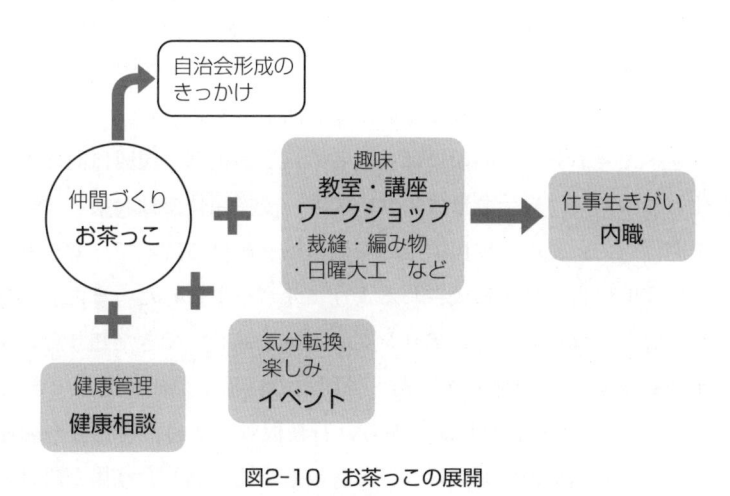

図2-10　お茶っこの展開

に炊き出しを終了する団体が多くなった。さらに，これまで無料で行われていた移動サポートについても，同様に，被災者から「無料では悪い」という声が聞かれるようになっていき，2012年3月頃（震災発生から1年後）にはガソリン代などの一部を有料化する団体が多くなった。以上のように，震災発生から半年〜1年後の被災者のボランティアに対する気持ちの変化を受け，支援団体としても被災者の自立に向けて支援の方法を少しずつ変えていくこととなった。

図2-11は，仮設住宅の掲示板の写真である。仮設住宅で生活が始まり，しばらくするとごみ捨て場の管理や駐車場利用のマナー，集会所の利用についてなどさまざまな生活の問題が出始めた。また，仮設住宅に移ってから最初の冬を迎えると，冬季の住環境について多くの問題点があげられるようになり，暖房設備や風除室の設置，水道の凍結対策など，支援団体による修繕工事などのサポートが行われた。このような中で，仮設住宅では，住民の意見を集約しつつ，新たなコミュニティをまとめていくための自治会の形成が必要となったが，なかなか自治会が形成されない団地や自治会や自治会長が決まっても運営がうまくいかない団地も多かった。

仮設住宅の使用ルールや情報が掲示されている。
図2-11　仮設住宅の掲示板

先にも述べたとおり，この頃には被災者の自立的復旧・復興に向けた支援方法に変化しつつあり，自治会形成においても，支援団体ではお茶っこやイベントなどを開催していく中で住民同士の交流の場を設けることで，できる限り住民同士で自発的に自治会が形成されるようにサポートされた。また，移動サポートとして導入されたカーシェアリングの活動を通じてできた知り合いから自治会の形成に発展した団地もあった。各団地で自治会形成が進んできた2011年12月（震災発生から9か月後）からは石巻仮設住宅自治連合会が開催されるようになり，各団地の問題点について行政も交えて話し合う場が設けられるようになった。石巻災害復興支援協議会をはじめとした支援団体は自治会連合

会をサポートしつつ，仮設住宅住民の自立と住民同士の支え合いが重視された．

4）復旧期Ⅲ：1～2年後

震災発生から1年経過すると，被災に伴う失業手当の受給終了者が増え，これまで以上に就労支援が重視されるようになった．図2-12は，被災地で行われた主な就労支援をまとめたものである．早くから始められていた漁業支援や店舗再生支援に加えて，再就職が難しい高齢者や子育て中の女性に対しては，編物や裁縫をはじめとした内職作業を提供する支援団体もあった．内職は，仕事を得ることで生きがいを見つけること，仲間と一緒に作業する時間をもてること，家事や子育ての間の短い時間でも作業することができることなどが魅力であり，仮設住宅の集会所を利用して実施された．以前から行われていたお茶っこやワークショップを発展させたような内職もみられた．

女性の就職サポートのため，子どもの一時保育などを行う支援団体も出てきた．就労支援を行うためには，仕事に就ける環境づくりが必要であり，このような問題は被災地に限られた問題ではなく他の地域においても共通の課題といえる．

その他，起業に向けての勉強会の開催や情報提供，起業ファンドの設立など起業サポートなども開始された．また，各支援団体のスタッフとして地元住民

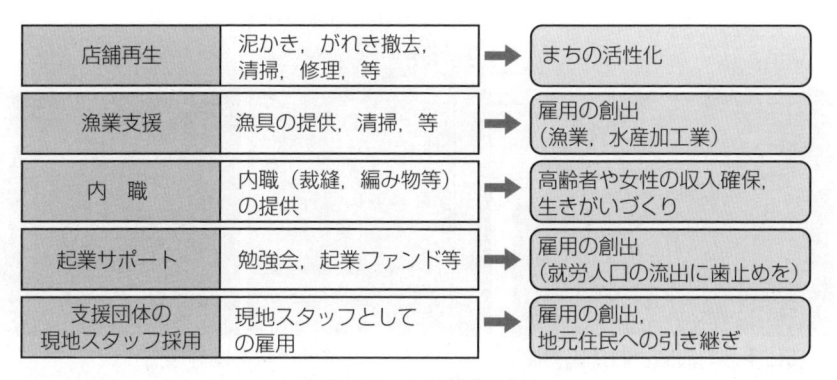

店舗再生	泥かき，がれき撤去，清掃，修理，等	→	まちの活性化
漁業支援	漁具の提供，清掃，等	→	雇用の創出 （漁業，水産加工業）
内　職	内職（裁縫，編み物等）の提供	→	高齢者や女性の収入確保，生きがいづくり
起業サポート	勉強会，起業ファンド等	→	雇用の創出 （就労人口の流出に歯止めを）
支援団体の現地スタッフ採用	現地スタッフとしての雇用	→	雇用の創出，地元住民への引き継ぎ

図2-12　主な就労支援

を採用する動きも始まった。起業や支援団体での採用による雇用創出は，被災による人口の流出対策としても重要であるが，ほかにも同様の課題を抱えている地域は多く，被災地でのこれらの取り組みによって他の地方都市や過疎化地域へロールモデルを提供する可能性ももっている。

5）復興期：2年後〜

震災発生から2年が経過すると，復興公営住宅の建設が進められるようになり，図2-13にも示すように入居も開始された。自宅を再建する人も出てきて，時間の経過とともに物理的な復旧は進んできたように思われる。図2-14は震災から2年半が経過した石巻市立町の様子である。その一方で，住宅再建の見通しが立たない被災者も多く，生活状況および必要な支援の種類や程度は個々に異なるため，画一的な支援で対応することが難しい。

自宅再建や復興公営住宅に入居した場合も，津波被害を受けたために移転先での生活が始まる場合や，住宅の周辺環境が震災前と大きく異なっている場合も多い。阪神・淡路大震災では復興公営住宅においても孤独死が問題化したことから，東日本大震災の被災地ではコミュニティの保持に配慮がされ，石巻市の復興

図2-13　入居が始まった復興公営住宅

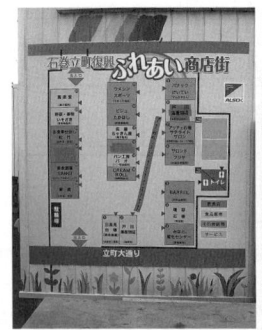

支援によって設置された図書館　　　　復興ふれあい商店街

図2-14　石巻市立町の様子（2013年8月）

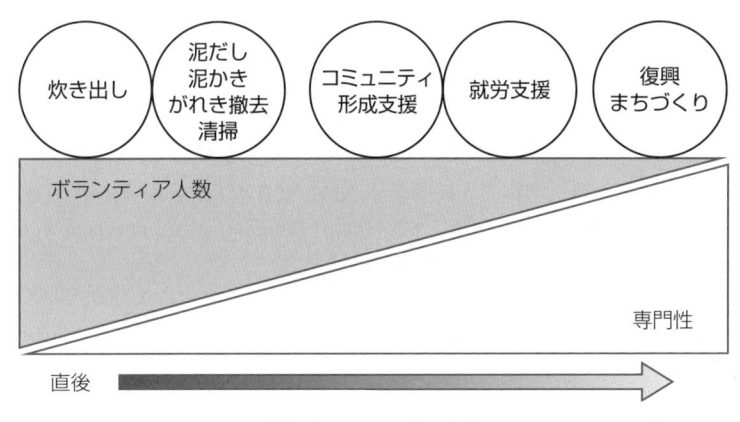

2. ボランティア団体へのインタビューからみる生活復興過程

図2-15 ニーズの変化

公営住宅においても震災前の居住地区や仮設住宅のコミュニティを保持したかたちでの集団移転が一部進められている。生活環境の変化や，コミュニティの再構築は居住者にとって大きな負担となることから，可能な限り被災者の個々の生活状況に配慮した住宅供給が望まれる。

また，被災地で活動するボランティアや支援団体は徐々に減少してきた。図2-15のように，震災発生直後の泥だし，泥かきやがれき撤去などボランティアの人数が多く必要なニーズは減少し，コミュニティの形成，就労支援，復興まちづくり支援へと支援の内容が専門化したことや，ニーズに応じて成果のみえにくい活動が増えたことにより，助成金や寄付金など団体としての活動資金を獲得しにくい状況となったためである。さらに，ボランティアの個人的事情（就職やその他ステップアップなど）により，継続が難しくなったこともあげられる。このような状況の中で，スタッフとして地元住民を雇用する支援団体も増えており，支援団体の行ってきた活動は地元住民に引き継がれてきている。一般社団法人石巻災害復興支援協議会も，2012年11月（震災発生から1年8か月後）に「みらいサポート石巻」に名称を変え，石巻の復興および未来を見据えた活動にシフトし始めた。今後の復興過程では，被災者の意見や希望に沿ったまちづくりが進められるべきであり，支援団体においては復興まちづ

くりのための被災者の自立や自活を促すような支援形態への変更が求められている。

引用文献
1) 一般社団法人石巻災害復興支援協議会：3.11 東日本大震災から2年 石巻災害復興支援協議会活動報告書．2013，p22（http://ishinomaki-support.com/category/memory_cat/idrac_report/[2013年10月]）．
2) 神戸弁護士会：阪神・淡路大震災と応急仮設住宅—調査報告と提言．2003(http://www.lib.kobe-u.ac.jp/directory/eqb/book/6-145/[2013年10月])．

参考文献
・石巻市：石巻市ホームページ（http://www.city.ishinomaki.lg.jp/index.html[2013年10月]）
・一般社団法人石巻災害復興支援協議会：一般社団法人石巻災害復興支援協議会ホームページ（http://gambappe.ecom-plat.jp/，2013年10月アクセス可能）
・一般社団法人みらいサポート石巻，一般社団法人みらいサポート石巻ホームページ（http://ishinomaki-support.com/[2013年10月]）
・兵庫県：災害復興公営住宅団地コミュニティ調査報告書（http://web.pref.hyogo.lg.jp/wd33/wd33_000000014.html[2013年10月]）
・岩佐明彦：仮設のトリセツ—もし，仮設住宅で暮らすことになったら．主婦の友社，2012
・大阪市立大学都市防災研究グループ：いのちを守る都市づくり［課題編］東日本大震災から見えてきたもの．大阪公立大学共同出版会，2012．
・中原一歩：奇跡の災害ボランティア「石巻モデル」．朝日新聞出版，2011．

3. 生活課題対応型の支援からみる被災者ニーズ

　東日本大震災から2年半がたち，被災者のニーズも変化してきている。復興に携わるボランティアたちは，そのときそのときの被災者のニーズをとらえて，これまできめ細やかな支援を行ってきた。ボランティアの生活支援活動は，被災者の生活実態と密接しており，被災者の多様なニーズの現れとなっている。
　本節では，まず，石巻で行われた生活課題対応型の支援の具体例を，現在行われている活動を中心にして紹介する。そして，生活課題対応型の支援からみる被災者ニーズと今後の支援のあり方について考える。なお，本節で取り上げた支援活動は，日本家政学会の生活研究プロジェクトでインタビューを行った団体，および石巻専修大学の「復興ボランティア学」の授業を担当した団体によるものである。

(1) 生活課題対応型の支援
1）移動支援
　団体Aは，高齢者や障がい者のように一人で移動することが難しい人や，交通不便のために公共交通機関を利用することができない人を対象に送迎を行っている。震災の直後から被災者の移動支援を継続しており，被災者のニーズに応じた支援を行ってきた。
　2013年7月現在では，通院のための送迎が約8割を占めており，利用者の約8割が高齢者・障がい者である。はじめは無償で支援をしていたが，現在は，3kmごとに100円を協力費として徴収している。利用者からは，「協力費をもっと取って，その代わり長く続けてほしい」という声がある。
　移動支援の利用内容は被災者の生活の状況によって変わってきたが，利用者層も変化している。初期は車を流された人すべてだったが，今は車があっても乗れない人になり，このことから利用者の多くが高齢者と障がい者になってい

る。

　団体Aのa氏（代表）は，支援活動について，「はじめにニーズありき」であり，「必要とされていた，だから始めた」，そして，「なかなか必要とされなくならない，だから終われない」と話している。移動支援という被災者ニーズは，現在も今後も大きく，支援活動を長期にわたって続けていける体制が必要となる。団体Aの協力金徴収はそのための一助となっている。

　団体Bも買い物や学習のための無料バスを運行して，移動支援を行っている。買い物は，被災者の交通に関するニーズの中でも通院とともに利用率が高く，団体Bでは，地域のスーパーと連携して支援を行っている。また，子どもたちの塾での学習や部活動を支援するためにも無料バスを運行している。

　団体Cでは，カーシェアリングによって被災者の移動支援活動を行っている。本支援の特徴は，団体Cが利用者に車を届けた後は，利用者自身が車を維持管理することである。そして，カーシェアリングを通して，コミュニティづくりにも貢献している。新たな活動として，電気自動車を利用したカーシェアリングがある。電気自動車は，移動の手段としてだけでなく，非常時の電源にもなり，十数台あれば市の防災計画にも入る。まず仮設住宅で自治会による電気自動車のカーシェアリングを行い，それを基に災害公営住宅でのカーシェアリングのあり方を検討する。

2）子ども支援，学校支援

　団体Dは，被災地の子どもたちが質の高い学びの機会を得られるように子ども支援や，学校支援を行っている。支援活動は主に3つのものからなる。

　1つ目は学校サポートで，校長先生や教頭先生，担任の先生から学校でのニーズをとらえて，教師を支援するものである。たとえば，寄贈された多数の図書の整理や津波被害にあった学校の文書復旧作業などである。このような支援を行うことで，教師の負担を減らし，教師が授業の準備や子どもたちに向き合うことにより多くの時間を使えるようになることを目指す。

　2つ目は，放課後に仮設住宅の集会所で開く子どもたちの遊び場・学び場の開設である。仮設住宅の遮音性は十分ではなく，子どもたちがのびのびと遊んだり，学習に集中することは難しい。このために開設された遊び場・学び場は，

地域の人が気軽に立ち寄れる場にもなっている。

　3つ目は，2013年2月にオープンした託児・学童保育施設である。この施設では，民間や行政の保育園ができないことを行うことを目指し，働きに出ていない母親の子どもも預かる。また，就職活動中の母親の子どもは無料で預かっている。今後は，石巻市内の小学校の統合を見据えて，同様の施設を増やす予定である。

　団体Dでは，以上のような日常的な支援のほかに，地域イベントの企画・開催を中心とした非日常的な支援も行っている。

　団体Eは，仮設住宅集会所や公民館などにおいて子どもたちのための教室を開き，ボランティアの大学生たちによる学習支援や居場所支援の活動を行っている。また，石巻市内の小学校においても放課後の学習支援を行っている。このような学習支援に加えて，プレーパーク事業も展開し，子どもたちの遊び支援にも取り組んでいる。

　団体Fは，仮設住宅においてアートやリクリエーションによる子ども支援の活動を行っている。活動内容は，絵本の読み聞かせやお絵かき，ビーズ遊びなどの文化的な遊び，ドッジボールやサッカー，鬼ごっこなどの身体的遊び，さらに，ダンスや移動動物園，音楽ライブなどのイベントと多岐にわたる。そして，一過性の娯楽の提供ではなく，定期的な活動を継続して行っていることが特徴である。

　団体Gは，渡波地区で0〜3歳までの子どもたちの一時保育を行っている。また，仮設住宅の集会所や公民館において子育て支援活動をしている。保育料は，0歳児は1時間700円で，1歳児以上は500円である。2013年度の4月になると渡波地域では待機児童はそれほど増えなくなり，現在の登録者数は20名ほどと以前に比べると減少している。ただし，月極や，朝8時半から17時まで預かることや，9〜16時まで料金を決めて預かる1日保育システムを取り入れたところ，人数は少ないが朝から晩までいる子どもたちの人数は増加した。

3) コミュニティ形成支援

　団体Hは，仮設住宅を中心としてコミュニティ形成の支援を行ってきた。特に，仮設住宅やみなし仮設住宅で起こる孤独死や自殺を防止するために，コミュニティから漏れる人がないように，住民に対して網羅的なアプローチをしている。コミュニティ形成のためのイベントして，お茶会，ストレッチ，手芸教室などがある。このようなイベントに加えて，仮設住宅の清掃も行い，それが住民との会話のよいきっかけとなっている。仮設住宅では，畳にカビが生じやすかったり，高齢者が換気扇の掃除をできなかったりするなど，清掃に対するニーズは高い。清掃の依頼者（仮設住宅の住民）については，自治会や仮設住宅のキーパーソンから話を聞いて情報を集める。これは，住民の自治を高めてほしいことと，信頼のある人からの紹介でないと依頼してくれないことによる。

　団体Ｉもお茶会や手芸会，カラオケ貸出しなどよって仮設住宅におけるコミュニティ形成支援を行ってきた。お茶会は僧侶を招いて定期的に行うもので，参加者は多い。イベントには男性も参加しやすいような工夫もされている。また，仮設住宅の自治会の運営をサポートし，仮設住宅の住民同士の支え合いによる自治を支援している。

　団体Ｊでも，仮設住宅におけるコミュニティ形成を支援し，自治会をつくる働きかけを行ってきた。自治会をつくるために，まず「お茶っこ」（宮城県の方言でお茶会のこと）を２～３回行い，住民同士が顔見知りになり，話し合える場を設ける。そして，その後でワークショップを行う。このプロセスによって，住民が自分たちでコミュニティの問題を解決するように働きかけた。たとえば，ごみ出しや駐車の仕方，子供たちの遊び場に関する問題など，ひとりでは解決できないが，行政に解決を求めるほどではない問題である。団体Ｊでは住民自身がどうしたいかを考えることを重視し，ワークショップでできるだけ多くの意見を聞くようにしてきた。

　１）でも述べたように，団体Ｃでは，カーシェアリングによってコミュニティ形成の支援を行っている。この活動の特徴は，カーシェアリングで使用され

る車を仮設住宅の自治会が管理運営していることで，このことがコミュニティ形成に貢献している．2013年8月からは電気自動車を利用したカーシェアリングも始まり，仮設住宅の集会所の脇に充電器が設置されている．電気自動車は非常時や野外イベントの際の電源になることも大きな特徴である．たとえば，2013年9月に石巻専修大学で開催された「仮設対抗スポーツ大会」では大会本部の電源として電気自動車が利用された．このような利用方法も電気自動車のカーシェアリングがコミュニティ活動の活性化に貢献する一例である．

4）雇用支援，起業支援

団体Kは，雇用促進と職業訓練のための拠点を設置し，石巻の次世代を担う若者を対象として，ウェブデザインやソフトウェア開発を学ぶ機会を提供している．そして，地域商店街のITサポートや県外企業からのソフトウェア開発の受注などによって雇用に貢献することを目指している．また，被災した建物を改修して，建物の所有者と起業家をマッチングするサービスを提供するプロジェクトも展開している．

団体Jは，収入支援の中で優先順位の高いものとして，現地のニーズに基づいた漁業支援や養殖支援への人的支援を行ってきた．たとえば，漁網支援プロジェクトでは，漁業者が編んだ漁網を団体Jが買い取り，製作費を支払うもので，収入支援と漁業支援を兼ねている．また，女性起業支援として，仮設住宅の集会所などで物づくりを支援し，完成品の販路の開拓や情報交換の機会を設けている．

団体Lは，石巻駅前にコミュニティカフェを運営して，小さな子どもをもつ母親の雇用支援と子育て支援を行っている．このカフェは，小さな子どもとくつろいで過ごせる場と，女性が活躍できる機会を提供する場となっている．また，アクセサリーブランドを設立して，子育て中の女性たちに対する収入支援を行っている．このブランドでは，時給換算800円となるように制作費が決定され，諸経費や素材費を除いた全額が，石巻市民を支援する活動に使われる．

団体Bでは，石巻駅の近くに食堂を開設し，震災で仕事を失った人をスタッフとして雇用している．この食堂では，就職する機会が少ない女性や高齢者の

雇用に力を入れている。また，被災前に飲食店や商店を経営していた経験や技能を生かし，それぞれが生きがいをもって働くことを目指している。

5）健康支援，心のケア

団体Ｉは，仮設住宅住民の運動不足による生活不活発病の予防と緩和のためにウォーキングのイベントを行っている。また，登米市における花見や栗原市の盆踊りへのバスツアーを実施し，普段狭い仮設住宅で生活する住民に気持ちをリフレッシュする機会を提供している。

子どもたちの体力低下も問題になっている。石巻市立小学校のｂ氏（教頭）は，子どもたちの瞬発力やジャンプ力，ボールを投げる力が劣っているようなので，体育の時間や休み時間にそのような力がつくように工夫していると述べている。スポーツ少年団も現在は復活して，野球やサッカー，バスケットが始まったが，体力は二極化している。このような問題に対するためには，2）で述べた子どもの遊び支援やスポーツ支援が必要である。

団体Ｊは，団体Ｍと協力して，仮設住宅住民に対するカウンセリングなどを継続して行ってきた。（団体Ｍは，臨床心理士や整体師，ケアマネージャーなどの専門的なスタッフを中心とした災害支援団体である。）現在では，マッサージと傾聴が活動の中心となっている。そして，住民がリラックスできる空間づくりに取り組んでいる。また，高齢者の孤立や子どものストレス，母親の子育ての悩みなどの問題に対する活動を続けている。

団体Ｎは，看護師が中心となって仮設住宅を訪問し，看護や介護，リハビリを行う活動をしている。また，お茶っこの際に健康相談を行っている。

（2）今後の支援のあり方

前項で紹介した支援活動は，多くのボランティア団体が石巻で行った生活課題対応型の支援活動のごく一部であるが，これらの活動から震災後2年半経過した被災者ニーズがみえてくる。

被災者のニーズは多様であり，しかもそれらは互いにつながっている。例えば，女性の就業は保育や子どもの学習や遊びとかかわっている。そして，子ど

もたちへの学習支援や居場所支援のためには移動支援も必要となる。また，仮設住宅の生活によるストレスに対する心のケアも求められる。

　長期にわたるニーズとして，移動やコミュニティの形成・維持，子どもたちの学習，心のケアなどがある。移動のニーズは，団体Aの支援でもわかるように高齢者や障がい者にとって特に高い。そして，今後災害公営住宅に住民が移った後も立地によっては移動のニーズが高いことが予想され，継続的な移動支援を行える仕組みづくりが求められる。

　コミュニティの形成・維持のニーズも長期にわたる。石巻市の仮設住宅団地では約40の自治会が設立されているが，まだ自治会のない団地もある。そして，現在自治会がある団地でも，会長が仮設住宅を出たりして，運営が難しくなる場合もある。さらに，今後災害公営住宅に新たに入居した際にもコミュニティの形成が求められる。

　仮設住宅での学習環境を考えると，子どもたちが学習に集中できる場を確保することも大きなニーズである。また，学校の統合などによる心のケアも必要になる。たとえば，石巻市立小学校の教頭b氏は，閉校・統合による子どもたちの心のケアに気をつけていると述べている。また，今後の見通しとして，震災後3年から5年ぐらいが心のぶれが一番大きくなるので，子どもも大人も気をつけなくてはならないとも話している。

　今後の支援のあり方の一つとして指摘されているのが，被災者の自立につながる支援が望ましいということである。たとえば，団体Iのc氏は，自立の種類として，肉体的，経済的，精神的自立をあげ，精神的自立のポイントとして「できることは自分（たち）でやる」という自助（互助）の意識が大切であると述べている。これはすべてを被災者が行うということではなく，できない部分に関して支援者からのサポートを受けるというものである。仮設住宅自治会のd氏（会長）も，物資の配布のような仮設住宅住民の自立の妨げになるような支援は望ましくないと述べている。一方，これから求められる支援として，住民だけではできない部分を補う支援としている。具体的には，自治会ではできない音楽や伝統芸能などのイベントの開催，災害公営住宅や集団移転などに

関する生活再建に役立つ情報の提供，まちづくりなどの専門的な分野のサポートである。

　石巻には，震災前にも高齢化や市中心部商店街の空洞化，村落の過疎化など，日本の地方に共通する問題があった。これらの問題は，震災によってより際立ったものになった。このことから，震災後の石巻は未来の日本の姿を映しているといわれる。

　団体Jのe氏（プログラム・オフィサー）は，震災前から継続している石巻の一番大きな問題は過疎化の問題であり，震災によって過疎化が進んだが，震災がなくても20〜30年後には現在と近い状況になったであろうと分析している。すなわち，現在の石巻の状態は，20〜30年後の日本の縮図である。そして，日本が課題先進国であり，石巻がこれからの日本のモデルであるならば，現在の石巻の復興への取り組みが世界への一つのモデルになると述べている。

　団体Kは，石巻のまちを震災前の状態に戻すのではなく，新しいまちにすることを目指し，雇用支援や起業支援などに関する多彩なプロジェクトを展開してきた。団体Kのf氏（代表理事）は，「現在，石巻では日本の中でもさまざまな新しい挑戦が行われており，日本を覆う閉塞感を打破するヒントを震災を契機にして石巻から発信したい」と述べている。

　団体Oのg氏（リーダー）は，石巻の復興について，「世の中は動いており，人の世代も変わっていくので，前の日常には戻れないし戻る必要はない」と述べている。そして，「生きていてよかった」と思えるためには，復興支援とともにわれわれ日本人の生活のあり方まで立ち還る必要があると話している。

　現在，仮設住宅から災害公営住宅への移転が始まり，新たな災害公営住宅の建設も進みつつある。復興は新たなフェーズに入っているが，仮設住宅での生活は今後も数年間は続く。また，災害公営住宅への入居が完了しても復興が終わるわけではなく，さまざまな生活課題が存在すると考えられる。新しい姿に変わっていく石巻の様子を，これからも家政学の立場から見守っていきたい。

4. 子ども支援活動からみる子どもの生活環境の課題

　本節では，震災直後から石巻市内で支援活動を行ってきた団体へのインタビュー調査の結果をまとめる。特に，子どもへの支援を行っている団体の代表者へ震災後の活動について分析することで，震災後の支援活動の様子を伝えたい。

　インタビューは，2012（平成24）年3月と6月，2013（平成25）年8月に行った。原則，石巻や石巻市周辺で定期的に活動する団体の代表者，または実際に活動を行っている現地スタッフに話を聞いた。文中で出てくる表現や情報は，当時のものであることをご了承いただきたい。また，ほとんどが1回のインタビューではあるが，中には時間を変えて2回行ったものもある。

　子どもへの支援を行っている5団体の代表に，半構造化面接法に基づくインタビューを実施した。加えて，震災後の子どもを取り巻く状況を伝える報告書や資料をもとに，当時の子どもの様子とその後の活動内容の変化を分析した。団体の概要については，表2-3のとおりである。

表2-3　インタビュー協力者について

	団体名	インタビュイー	支援の内容
1	A	a氏（設立者）	子どもの遊び場支援
2	B	b氏（理事長）	子どもの遊び，学び支援，学校サポート
3	C	c氏（設立者）	未就学児の一時預かり，子育て支援
4	D	d氏（設立者）	放課後教室，キッズルーム
5	E	e氏（設立者）	子育て支援

（1）子ども関連の被害

　大震災時は，大人への支援が目立ち，子どもへの支援がみえにくい。震災により傷ついたのは，大人たちだけではない。しかし，それをわかってはいても，多くの被災状況の把握は大人中心となり，失業や自宅の倒壊についても，大人たちが被害を訴える形で把握されていく。その影に隠れて子どもたちは，大切

な家族や友人，知人を亡くし，また避難を強いられることで友人や故郷から離れてしまう寂しさを理解してもらいにくい。

　東日本大震災で被害の大きかった岩手県，宮城県，福島県の3県で収容された死亡者は2012（平成24）年3月11日までに15,786人にのぼる。検視などを終えて，子どもたちの犠牲は，0〜9歳で466人，10〜19歳は419人と判明した[1]。つまり20歳未満の子どもは，全体の約5％強にあたる。人数としては少ないように感じるかもしれないが，実際には親をはじめ，家族を失った子どもたちが数多くいる。震災により親を亡くした児童については，宮城県内だけでも，震災孤児が136人，震災遺児が920人いるといわれている（2013年4月現在）[2]。

　石巻市では，学校関連の被害も大きかった。例えば，人的被害は宮城県全域で幼児・児童・生徒の死亡が327人，安否不明者が35人であったが，そのうち，約半数にあたる166人が死亡，16人の安否不明者が確認されたのが石巻市であった。宮城県のうちでも，石巻市は，最も被害数が多かった。また，教職員の死者も宮城県内19人のうち，12人が石巻市であった。他市町村と比較しても，被害が大きかったことから，子どもたちを取り巻く教育環境への被害が甚大であったことがわかる[2]。

　もちろん，震災遺児・孤児に対する支援をはじめ，さまざまな支援が公的・私的を問わず行われている。例えば，宮城県では震災により遺児・孤児となった児童生徒に対して，東日本大震災みやぎこども育英基金を活用し，奨学金を給付している。この育英基金への寄付金額は2013年11月30日の時点で，8,598件，67億6,109万9千円，子どもたちが教育を受けるために役立てられている[3]。しかし，震災直後は，金銭的問題に限らず，子どもたちを取り巻く生活環境が悪化し，辛いという声もあげられない子どもたちが多数いたことは安易に推測できる。

（2）被災した子どもたちが置かれた状況

　前述したような被害を数値的にみたものだけでは見えない，生活していくうえでの困難について，被災した子どもたちが置かれた状況は次のようなもので

あった。

　親、兄弟姉妹、祖父母など、多くの子どもたちが家族を失った。また、被災したことによって保護者が失業したり、遠方へ就職したりして、子どもたちの孤独な時間が増加した。駅や線路、道路が流され、未整備な状態が続く中で、外出も困難な状況が続いた。もちろん、学校や幼稚園、保育園なども被害を受け、子どもたちの活動の中心となる場所がなくなった。さまざまな場所に避難したことで、コミュニティが分断され、地域との関係性を失った。避難者のための場所である仮設住宅を建設するために、子どもたちの遊ぶ場所であった公園や広場がなくなった。避難所には遊び場が少なく、仮設住宅は狭く壁も薄いため、家庭での学習時間が十分にとれない状態が続いた。また、震災のストレスなどで不登校になったり、友だちとのかかわりをつくるのが難しくなったりする子どもたちが増えた。

　一方、子どもたちを支える立場である保護者自身がストレスを抱え、家族や親戚の安否確認や自宅の状況確認に出かける必要があったり、就労、金銭的不安を含む将来への生活不安に陥ったりしていた。そのことで、保護者が子どもたちを十分にみる時間と余裕がもてず、子どもたちの心的ストレスが増加した。そして、子どもたちにかかわる学校現場でも、学校が避難所になったことで、教職員への負担が増えた。例えば、近隣の人が出入りすることで学校管理や運営が難しくなり、避難所へ次々に送られてくる物資の管理、配分などに時間や手間が取られることになった。本来の業務である授業や子どもとのかかわりなどに十分時間がとれなくなった。教職員自身も被災者であることが多く、ストレスを抱えながら避難所運営にかかわっていたといえる。

（3）子ども支援活動へのきっかけ

　子どもの被災者支援は、緊急的な対応だけでなく、中長期にわたって必要である。震災後すぐは、泥のかき出しや片づけ、日々の生活の支援、不明者の捜索などが中心となっており、子どもたちの支援にまで目を向けるのは難しかったかもしれない。

図2-16　室内でも身体を使って遊ぶ　子どもとボランティアたち

　実際に子ども支援を行った団体は，どのようなきっかけで子ども支援を行うようになったのだろうか。もちろん，各団体によってきっかけは異なるが，「震災前からの経験を活かす形での支援」や「出身者である（自身も被災者である，など）ことからの支援」という動機がみえてきた。
　例えば，a氏は，自分自身も被災し，避難所で暮らしていた。その中で，何かできないかと考え，震災10日後から子どもたちの支援活動を開始している。e氏もa氏と同様に，自分自身も被災者であった。e氏は石巻市で子どもを育てている母親たちのコミュニティをつくることが大切だと感じ，震災前から活動してきたが，その活動を震災後も代表として続けることにした。a氏は，震災前は消防団に入り活動してきたが，震災をきっかけに消防団の活動に対して疑問を感じ，退団している。しかし一方で，子どもの支援の重要性を感じ，避難所での生活をしながら，支援活動を開始した。震災前も絵画教室や剣道の指導などで子どもにかかわっていたということも理由になっている。
　また，団体Bは，設立者がもともと会社経営，NPO法人の運営などを行っていた。コンサルタント業務の経験を活かす形で，当初は街ごと引っ越す支援を呼びかけたが，希望者がいなかったために中止。そこで，もともと手がけていた子どもや教育の支援を行うことを決めた。震災後約1か月（4月3日）ほどで活動を開始した。
　d氏も震災後すぐ（3月20日頃）に被災地に入った。d氏は石巻市出身であったことが，活動の動機づけにつながった。d氏は最初の1か月半は，主に

3つの活動をしていた。1つ目は避難所から災害弱者を探し出して，行政や専門的なNPOなどの専門機関にマッチングすること，2つ目は避難所運営の補助，3つ目は子どもたちの支援である。子どもたちの支援については，4月の2，3週目にキッズルームをつくった。d氏自身，教職大学院に進み，子どもたちを取り巻く環境や教育に関心が高かったともいえる。

一方c氏は，石巻市に縁があったわけではなく，震災当初も関東地方で幼稚園教諭をしていた。震災後の3月末に退職が決まっており，退職後は被災者支援のためのキャンプ場の職員として勤めた。その職員時代に，被災地からの情報や被災者支援の必要性を感じ石巻市に来た。当初は学校や地域の掃除などをしていたが，2011年10月には石巻で知り合った仲間とともに一時保育を開始した。震災後勤めていたキャンプ場で，子どもたちだけが避難してくる姿や，一時保育が不足しているなどの情報を得たことがきっかけであった。

自分自身が被災者であることや，震災復興に何かの役に立ちたいと考えて活動を始めていることがきっかけとなっているが，子どもにかかわる支援を選んだ理由としては，震災前からの経験によるようだ。被災した大人への支援が目立つ中で，子どもへの支援により早く目をつけ，支援を行うことができたのは日頃から子どもへの関心が高かったことがあるようだ。

（4）子ども支援活動の特徴

ボランティアやNPO法人による子ども支援の活動には，大きく分けて3つの支援がある。まずは，子どもと一緒に遊んだり，子どもへ学びや活動の場を提供したりする「子どもに対する直接的支援」。次に，子ども保護者に対するストレス軽減や就労，子育ての支援，保護者のコミュニティづくりを行うことで，虐待などの子どもたちへの被害を食い止めることができるなどの「保護者への支援」。そして，子どもにかかわる学校や教職員を支援することで，本来子どもに向けられるべき教育活動時間や機会，活動の場をつくり出すことにつながる「学校・教職員に対する支援」。石巻市でも，これらの3つの支援が各団体によって行われた。支援の内容は，各団体によって異なるが，団体Bや

表2-4 子どもへの支援

直接的支援	子どもへの支援	・活動の場を提供：遊び，勉強，交流 ・進学支援・ストレスを発散させる機会
間接的支援	保護者への支援	・就労支援・経済支援・子育て支援 ・コミュニティ形成の援助・家庭内の精神的安定
	教師・学校への支援	・支援物資の管理・学校における雑務支援 ・教師が授業や生徒指導に集中できるように支援

Dのように複数の支援を行っている団体もある。

子どもへの直接的・間接的支援について，表2-4にまとめた。

1）子どもへの支援

子どもに対する直接的支援を主に行っていたのは，団体AやDである。自宅や学校の崩壊によって，子どもたちは遊んだり勉強したりする「場」を失った。仮設住宅には，子どもの遊び場所はない。そもそも，仮設住宅の多くは，子どもたちが過ごす場所であった公園や広場に建てられ，仮設住宅の外は駐車場になっているため子どもたちがのびのび遊ぶことは難しかった。a氏は，とにかく子どもが身体を使ってのびのびと遊べる場所をつくってあげたいと，場所の確保に力を入れ，ボランティアの受け入れなども積極的に行った。

当初は，遊び場を確保することが困難であることから，活動自体も困難であったケースもあったようだ。仮設住宅に備えつけられている談話室（住民共有スペース）を子どもたちの遊び場として利用したいと申し入れても，市が貸してくれなかったり，多くの手続きや住民の賛成書面を必要としたりするケースがあった。せっかく，住民のコミュニティづくりのための場所である共有スペースが，入居当初はうまく活用できていなかった事例が各地でみられた。また，石巻市では，仮設住宅の入居が抽選で決められたため，入居者の地域がバラバラで，コミュニティづくりも難航した様子がうかがえる。阪神・淡路大震災のときにも，避難先について地域が散らばることによる問題が指摘されたのにもかかわらず，石巻市については被災者の数が多すぎたため，地域ごとの入居と

いうところまで，配慮する余裕がなかったと考えられる。

よって，入居者同士のコミュニティづくりも難しい中で，子どもたちもかかわりをもつことが難しく，自分自身も仮設住宅に入居するa氏であっても当初は苦労したようだ。a氏は大人の安定したコミュニティをつくることが，子どもの支援につながるとも考えて，大人も子どももともに参加できる祭りなどを企画，実施している。また，d氏は地元出身であったことから，キッズルームのような提案が比較的早い段階で受け入れてもらえたと話している。地域外からのボランティアは，まずは現地のニーズを汲み取るところから始めなければならず，活動を開始するまでに時間がかかる。

図2-17　部屋のすみでおとなしく遊ぶ子どもたち

2）保護者への支援

そして，保護者への支援として，子育て支援を行っている団体CやEであるが，主に未就学児を中心に保護者へ子育て支援を行うことで，ストレス軽減や保護者同士のコミュニティづくりをサポートしている。子育て中の，とりわけ意思疎通の難しい小さな子どもを抱える保護者にとって，震災後のストレスはたいへん大きなものであったと推測できる。壁の薄い仮設住宅で，夜泣きや子どもが騒ぐことでの周囲への遠慮もある。また，もともと住んでいた地域のコミュニティがなくなったことで，子育てに対する不安などを相談できる相手や手伝ってもらえる相手がおらず苦労するケースもあるだろう。c氏は，母親が社会とのつながりをもったり，働きに出ることの支援になったりすればいいと考え，一時保育を始めた。また，虐待（とりわ

図2-18　子どもたちのために，地域のコミュニティづくりを目指して作成された仮設住宅新聞

けネグレクト)などの課題についても懸念していたようだ。一方，e氏は以前から石巻市に住み，自分自身がコミュニティづくりの必要性を感じたため，子育てをする保護者のためのコミュニティづくりをサポートする活動を行った。特に，震災後はさらに保護者同士で情報交換ができる場が大切と感じたようだ。団体Cの活動は，ある程度軌道にのったため，地元の保育者を雇い入れ，代表であったc氏は活動から1年半ほどで運営から離れた。いずれは地元の人たちが，地元のためにサポートする場所となるようにと考えていた。

3) 学校・教職員への支援

　当初予定していた支援(被災地外へ引っ越しをさせる支援)では現場のニーズと合わず予定変更を余儀なくされたのは，団体Bである。団体Bはその後予定を変更し，学校や教職員への支援を主に行った。震災後は，学校が避難場所になることも多く，子どもたちの安否の確認以外に，避難所の運営をしなければならない。またさまざまな支援物資が学校宛てに送られた。これらを仕分けたり，配布したりするのはボランティアも行うが，実際は学校に届いた時点で，多くの教職員がこれらの物資の管理を担当していた。大きなものからボールペン1本まで，そして消費期限の迫る食料品など，さまざまな物資の管理や避難所運営は専門的な知識をもたない教職員にはたいへんな手間であった。

　b氏は，教職員らが，これらの支援物資管理に時間や手間を取られることに対して懸念を感じ，この物資管理などを引き受ける代わりに，子どもたちと向き合ってほしいと考えた。団体Bの活動としては，子どもたちの学びを支援するために，教職員の本来の業務以外の業務をできるだけ減らすことであった。集会所を利用して放課後の子どもの遊び場づくりを行ったり，教職員が行っていた学校内外の掃除などの業務を担当したりした。仮設住宅に移り，子どもたちは自宅から遠くの学校へ通うことも珍しくなく，放課後の時間の使い方が震災前と大きく変わった。団体AやB，Dの活動によって，子どもたちが活動できる場所づくりがされ，子どもたちのストレス軽減につながったといえる。

(5) 被災地で増える虐待とその要因

　子ども支援を行っているa氏やe氏は，その活動のきっかけの一つに「子どもへの虐待を懸念した」と答えていた。実際にa氏は避難所において，呆然とする大人たちの傍らで，子どもたちが放置されている現状や，イラついた保護者から叩かれる子どもたちを見てきた。本当に，虐待は増えていたのだろうか。

　児童虐待の種類は，一般的には大きく分けて4つある。子どもに暴行を加える「身体的虐待」，子どもを傷つける暴言を浴びせたり，ほかの兄弟姉妹との扱いの差によって心理的に傷つけたり，子どもの目の前で配偶者に暴力を振るうなどしてストレスを与える「心理的虐待」。子どもにわいせつな行為をしたり，見せたり，また子どもを性的な被写体にしたりする「性的虐待」，子どもの心身の正常な発達を妨げるような長時間の放置，その他保護者としての監護を怠ることである「ネグレクト（保護者の怠慢・拒否）」である。

　全国の児童相談所が2012年度に対応した虐待相談（速報値）は6万6,807件で，過去最高を更新した。とりわけ東日本大震災の被災地で増加が確認された。仙台市を除く＊宮城県は875件で，増加率は28%であった（全国の増加率・前年比11%）。宮城県警全体の虐待対応数は254件で，前年より3割強の増加，その中でも子どもが親の暴力を目の前で見るといった心理的虐待が全体の6割を占めた[4]。

　その中で，石巻市だけをみてみると，虐待の要保護児童数は，平成22（2010）年度で79人，平成23（2011）年度は94人，平成24（2012）年度は108人と，震災後10人ずつのペースではあるが，増加が懸念される。ただし，一方で終結した数も平成22年度から45人，40人（平成23年度），57人（平成25年度）であり，家庭訪問の実績も平成23年度72回，平成24年度105回（平成22年度は未集計）となっており，児童相談所の努力がみられる[4]。

　DV（配偶者，恋人間における暴力）に関しては，宮城県警には2012年に前年比33%増の1,856件のDV相談があり，過去最高を更新した。落ち着いて

＊：仙台市は，被災地の中で比較的景気がよいとされ，虐待相談件数は442件で前年と比べ8%減少した。

相談できない状況にある人も多くいるとみられ，震災後，失業したり，自宅が倒壊したりして生活に大きな不安を抱える人が増えたことや，日々の生活や将来の見通しが立たないことに対するストレスなどから，DVが増加していることが考えられる。これらの暴力を目の前で見ることへの心理的虐待は，子どもの心を大きく傷つけることになる。

(6) 被災したことで浮き彫りになった問題

　震災によって，多くのものが失われたが，一方で，震災があったことで浮き彫りになった問題もある。以下は，d氏が語った内容である。

> （避難所でのキッズルームが一段落してきた時期に）「次最後だね」と話をしているときに，中3の男の子（Z君）が，「震災がきてよかった」みたいなことを言っていたんですよ。「震災が来てぼくはすごく救われたんだ」というような話をしているので，何言ってんだこいつと思って話を聞いてると，その子，震災の前からほとんど不登校だったんですよ。で，お父さんも震災直前にリストラにあってて，アルコールでお母さんを殴る蹴るみたいな。お姉ちゃんがそれで嫌気がさして家出していたりという状況だったらしくて。

　このZ君とその家族は，被災したことで避難所での生活を強いられる。避難所ではプライバシーがなく，母親にアザがあることや父親のアルコール依存の様子，子どもが不登校であることなどが周囲に伝わり，ボランティアが声かけをするようになった。
　そうして初めてZ君は自分がたいへんな状況にあること，本当は学校に行きたいけれどイジメにあっていて行けないことなどを話すことができた。Z君は，後にd氏に対して「震災があっていろんなものを失ったんだけど，自分が助けてって言わなくてもそうやって救ってもらえたことが，すごく救われた」と述べている。
　もともと存在した問題が，避難所というプライバシーのない状態によって顕在化し，そこにボランティアの援助が加わってよい方向に向かった事例といえるだろう。

(7) 望まれる継続的な支援

　文部科学省が2012（平成24）年5月に行った，「非常災害時の子どもの心のケアに関する調査」では，震災前と異なる様子として，1割以上の保護者は「よく甘えるようになった」と感じている。また，「睡眠が十分にとれなくなった」「頭痛，腹痛，心臓の動悸，過呼吸，めまいなどが起こるようになった」と感じている保護者も3％おり，いずれも福島県と宮城県でそれに該当する子どもの割合が高い[5]。

　子どもへの支援は，声が届きにくく，遅れてしまいがちである。声を出せない子どもたちや，まだ幼くて状況がつかめない子どもたちにも多くの支援が必要である。そして，震災直後だけでなく，長期的に取り組む必要がある。学校や教育施設，子どもの遊び場の復旧はもちろんのこと，子どもたちが住む場所，安全に過ごせる活動の場所が十分に確保されなければならない。また，心のケアについても長期的に対応していく必要がある。

　子どもたちへの直接的支援はもちろんのこと，金銭的な面でのサポートや就学・就業のための相談や情報提供の支援，安全な生活環境で過ごすことのできる場の提供，さらには子どもたちの保護者に対する支援として，住宅支援や子育てサポート，大人のコミュニティ形成なども必要である。そして，多忙を極める学校現場においては，今後も教職員の加配措置や地域連携，教職員への業務やストレスを軽減させることが，結果的に子どもへの安定的な教育を提供することになる。また，支援にあたっては，障害のある子ども，病気の子ども，施設で生活している子ども，多文化の子ども，引きこもりや不登校の子ども，あるいは少年院などに収容されていた子どもなど，特別な配慮や支援が必要な子どもへの支援も忘れてはいけない。被災したすべての子どもたちが，被災前の笑顔を取り戻せるよう，今後も継続した支援が必要である。

引用文献
1) 内閣府：平成24年版　子ども・子育て白書（全国版）
2) 宮城県教育委員会　平成25年9月30日時点資料

3) 東日本大震災みやぎこども育英募金：宮城県ホームページ
（http://www.pref.miyagi.jp/site/ej-earthquake/kihukouza.html）
4)「平成24年度事業実績と児童虐待の現状について」石巻市福祉部市民相談センター虐待防止センターより，2013.10
5) 文部科学省：平成24年度非常災害時の子どもの心のケアに関する調査報告書．2013.8

第3章　日本家政学会による支援活動

1. 生活支援活動としての料理教室・手芸教室・子育て教室の取り組み

（1）生活支援活動としての料理教室

　2011年に本プロジェクトが始動し，最初の生活支援活動が料理教室であった。企画するにあたり「コミュニケーション」「特産物・郷土料理」をキーワードとし，次の4つを料理教室の目的とした。

料理教室の目的
　①仮設住宅居住者同士のコミュニケーションを図る
　②仮設住宅居住者と本プロジェクトメンバーのコミュニケーションを図る
　③料理を通して宮城の特産物・郷土料理に興味をもってもらい，郷土を愛するきっかけを与える
　④郷土料理の伝承

　異なる年齢層の人と話す場を設け，宮城の郷土料理をよく知る高齢者から作ったことのない若年者へ伝承する―これらをふまえ，料理教室のタイトルを「つなげていこう 宮城の味」とし，第1回（2012年3月31日）はおくずかけとずんだ餅を，第2回（2012年10月14日）ははらこ飯と松葉汁を取り上げた。
　料理教室の案内は仮設住宅集会所のポスター掲示とチラシ配布で行い，運営にはプロジェクトメンバーのほかに宮城県内の大学教員や大学生が加わった。

98　第3章　日本家政学会による支援活動

図3-1　掲示したポスター（第2回料理教室）

図3-2　料理教室の様子（上段：手順説明・郷土料理ミニ講義，下段：調理中・試食中）

　なお，料理教室の講師は1～2名とし，それ以外のプロジェクトメンバーは参加者とともに調理する形をとった。このことはメンバーと参加者が「教える側」と「教えられる側」という一方的な関係性になることを防ぎ，調理中も和やかに談笑する姿が見受けられたことから，目的②は果たせたといえるだろう。

　また，ここで特筆したいのは料理教室の構成である。手順の説明・調理・試食だけでなく，用いた特産物や郷土料理についてのミニ講義（特徴や由来など）や栄養評価を取り入れた。特に後者については，管理栄養士が講師を務めていたこともあり，料理教室で作った2品にどのような料理を加えると1食分の栄養バランスを満たすのか提案するなど，他団体との差別化を図った。

1）第1回「つなげていこう　宮城の味」（おくずかけ，ずんだ餅）

　料理教室終了後に行ったアンケートによれば，この2品は参加者の大部分が「今までに作ったことがある」と答えており（表3-1），調理中も「うちではナスも入れる」「ずんだ餡の水分が足りないときには，水ではなくお茶を入れたほうが美味しく仕上がる」など，各家庭での作り方を積極的に話していたのが

印象的であった。中には「ずんだ餅は以前よく作っていたが，仮設住宅の台所は狭くて震災後はまったく作らなくなった。久しぶりに作れて楽しい」といった声もあり，参加者にとってなじみのある料理を取り上げたことは，震災以前を思い出すきっかけにもなり，成功だったといえるだろう。

また，宮城の特産物・温麺や栄養についての説明の際には全員が熱心に聞いており，作ることには慣れている料理であっても，知識を加えることでさらに喜ばれることがわかった。

> **おくずかけ**（お葛かけ）：温麺*，野菜，きのこ，麩，油揚げなどを煮て，葛粉（でんぷん）でとろみをつけた汁物料理。お盆やお彼岸に食べられる郷土料理で，地域や家庭ごとに味つけや具に違いがある。
> 　＊温麺（うーめん）：長さ約 9cm の乾麺。宮城県白石市の特産物。
> **ずんだ餅**：ずんだ（茹でた枝豆をすり潰し，砂糖と塩で味つけしたもの）をからめた餅。食欲が落ちる夏の栄養補給として作られる，宮城県の家庭料理。

2）第 2 回「つなげていこう 宮城の味―郷土の秋の魚を食べよう」（はらこ飯，松葉汁）

この 2 品はともに宮城県の郷土料理であるが，アンケート結果からは認知度や作る頻度に大きな違いがみられた（表 3-1）。はらこ飯は県南の亘理(わたり)地方の郷土料理であるためか，認知度は高いものの家庭で作る人はほとんどいなかった。一方，石巻地方の郷土料理とされる松葉汁は認知度が低く，参加者からは「つみれ汁はよく作るが，料理名は知らなかった」という声も聞かれ，実際に松葉汁という名称では受け継がれていない可能性も考えられた。

> **はらこ飯**：煮た鮭と煮汁を加えて炊いたご飯の上に鮭とはらこ（いくら）をのせた，宮城県亘理地方の郷土料理。
> **松葉汁**：味噌仕立てのさんまつみれ汁。引き菜の大根を松葉に見立てたことが料理名の由来で，宮城県石巻地方の郷土料理。

表3-1　料理教室アンケート結果

第1回：おくずかけ，ずんだ餅 2012年3月31日（土）　材料費　200円 参加人数8名	第2回：はらこ飯，松葉汁 2012年10月14日（日）　材料費　250円 参加人数9名（うち，前回参加者4名）
男性・60代以上　　　1名 　　　女性・60代以上　　　7名	女性・30代　　　　　1名 　　　女性・60代　　　　　3名 　　　女性・70代　　　　　4名 　　　女性・80代以上　　　1名
問1．参加動機は何ですか（複数回答可）	
気分転換　　　　　　2名 　　　興味があった　　　　6名 　　　時間があった　　　　2名 　　　その他　　　　　　　1名	気分転換　　　　　　1名 　　　興味があった　　　　5名 　　　時間があった　　　　2名 　　　その他　　　　　　　3名
問2．今回の料理教室はいかがでしたか	
楽しかった　　　　　　　8名 　　　あまり楽しくなかった　0名 　　　どちらでもない　　　　0名	楽しかった　　　　　　　9名 　　　あまり楽しくなかった　0名 　　　どちらでもない　　　　0名
問3．今後も機会があれば参加しようと思いますか	
参加する　　　　　　8名 　　　参加しない　　　　　0名 　　　わからない　　　　　0名	参加する　　　　　　9名 　　　参加しない　　　　　0名 　　　わからない　　　　　0名
問4．今回の料理は今までに作ったことがありますか	問4．今回の料理を知っていましたか
おくずかけ　作ったことがある　　8名 　　　　　　作ったことがない　　0名	はらこ飯　　知っていた　　　　　9名 　　　　　　聞いたことがある程度　0名 　　　　　　知らなかった　　　　0名
ずんだ餅　　作ったことがある　　6名 　　　　　　作ったことがない　　2名	松葉汁　　　知っていた　　　　　4名 　　　　　　聞いたことがある程度　2名 　　　　　　知らなかった　　　　3名
	問5．今回の料理は，この季節によく作りますか
	はらこ飯　よく作る　　　　　1名 　　　　　ときどき作る　　　0名 　　　　　たまに作る　　　　1名 　　　　　作らない　　　　　7名
	松葉汁　　よく作る　　　　　3名 　　　　　ときどき作る　　　2名 　　　　　たまに作る　　　　2名 　　　　　作らない　　　　　2名
	問6．次回の料理教室ではどんな内容を希望しますか（複数回答可）
	宮城の郷土料理　　　　　2名 　　　特産物を使った料理　　　2名 　　　季節に合った料理　　　　6名 　　　その他（他県の料理）　　1名

図3-3 おくずかけ（左）と，はらこ飯と松葉汁（右）

3）アンケート結果より

料理教室後に行ったアンケートの結果を表3-1に示す。

参加動機は「気分転換」「時間があった」よりも「興味があった」が多く，扱う料理やコンセプトは適切であったといえる。また，料理教室の評価（問2）と次回の参加意欲（問3）は非常に高く，これは第2回参加者の約半数が前回参加者であることにも表れている。

次回の希望内容については，「宮城の特産物・郷土料理」よりも「季節に合った料理」が多く，ほかにも「他県の料理を教えてほしい」という，新しい知識や技術を求める積極的な姿勢も見受けられた。

4）料理教室を終えて

料理教室を企画する際にあげた4つの目的のうち，①〜③はおおむね達成されたといえる。しかし，参加者の年齢層が高いことは否定できず，今後年齢層を広げるためには異なるコンセプトの企画が必要となるだろう。

今回料理教室を行った仮設住宅では本プロジェクトの手芸教室も行っており，手芸教室参加者が翌月の料理教室にも参加したケースや，プロジェクトメンバーと談笑する参加者の数が増えたことからも，本活動が少しずつ浸透してきているのが感じられる。今後も継続していくことで，コミュニケーションの輪が広がり，生活復興の一助となることを願う。

(2) 生活支援活動としての手芸教室

　支援活動の一環として，2012年度6月から12月にかけて，表3-2に示すように8回の手芸教室を仮設住宅の集会場やボランティアセンターなどを借りて開催した。

　本生活プロジェクトの目的は，住み慣れた住居を津波などで失い，狭い仮設住宅での暮らしを余儀なくされている人たちに手芸をともに楽しみ，さらにコミュニティの輪を広げてもらうことによって，生活再建の支援を行うことである。

　世界の至るところにさまざまな手芸文化がある。東北地方にも布地としては力の失せたぼろ布を重ね，刺し縫いをしながら布を平らにし，1枚の布として再生する「刺し子」などがある。かつて日本では衣生活は"縫う"ことにとどまらず"結ぶ・編む・組む・繡る"作業が日常生活で行われていた。これらの作業は家族の中で年長者から年少者へ，村の人々で協力するなどの継承のされ方をした。おそらく作業自体は一人で行っても，集うことによって技術を伝達する中でコミュニケーションが生まれ，一体感が育まれたと推測できる。

　これまでに手芸教室で取り上げた内容は表3-2に示すとおりであるが，「組紐」教室を多く開催した。講師には組紐作家の多田牧子氏を迎えた。初級者向けのプログラムに始まり，中級者向けのクラスも開催できた。組紐の歴史は長く，現在も日常生活で多くの場面で組紐は利用されているにもかかわらず，手

表3-2　手芸教室活動

開催回数	開催日	場所	イベントの内容
1	6月23日	南境第2団地	手芸（組紐）教室
2	6月24日	南境第4団地集会場	手芸（組紐）教室
3	8月7日	開成第13団地集会場	手芸（マコロン・希望者マスコット）教室
4	9月16日	南境第2団地	手芸（組紐）教室
5	9月17日	ピースポートセンター	手芸（組紐）教室
6	9月17日	開成第13団地集会場	木目込みまり 吊りさげ物教室
7	12月8日	ピースポートセンター	手芸（組紐・クリスマスリース）教室
8	12月8日	南境第2団地	手芸（組紐・クリスマスリース）教室

1. 生活支援活動としての料理教室・手芸教室・子育て教室の取り組み　103

芸の中でも経験者が少ない。そのためもあってか，本手芸教室においても人気が高く，参加者は「組む」作業に熱心にそして楽しく取り組んでいた。また組紐には，多田氏が考案した軽い組紐用のボードを用い針を使わないため，「組紐は危なくないので，子ども連れでも安心してできる」という声が聞かれた。針などを使う手芸内容にする場合は，年少者を見守る担当が必要であることを知った。

　手芸教室の参加者の声の中には次のようなものがあった。「組紐や手芸をしていると，津波のことを忘れられる」「仮設住宅の中で長い時間を過ごすと，

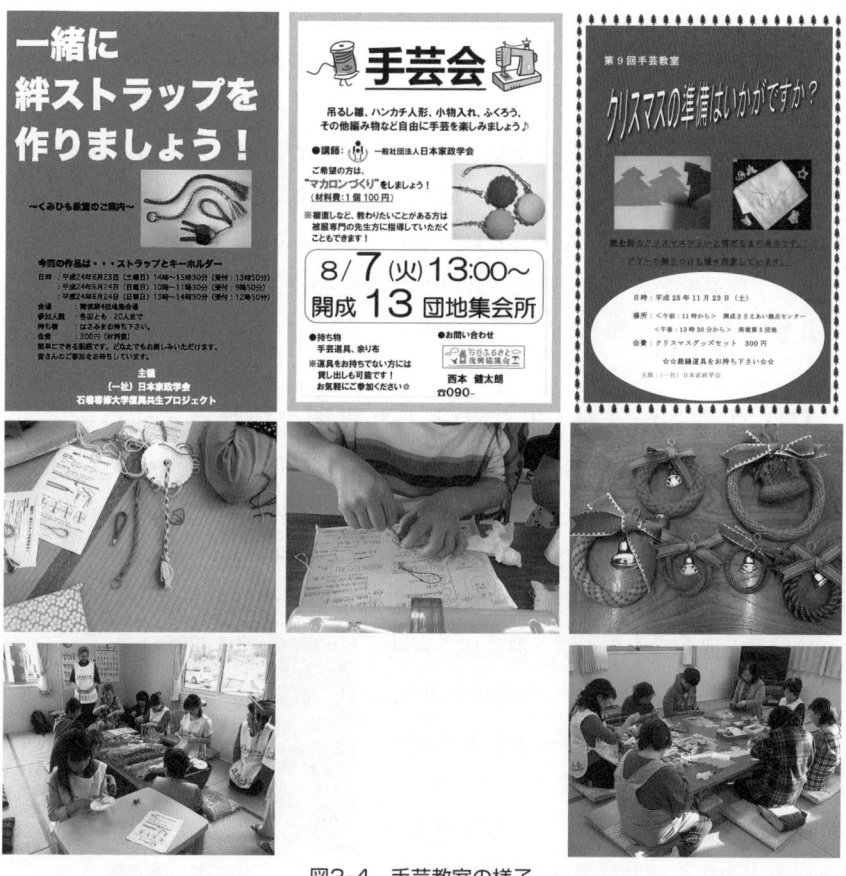

図3-4　手芸教室の様子

気が滅入ることもあるし，震災時の映像がテレビで流れると辛くなることもある。このような企画は楽しいし，仲間もできる」「震災の話も，最初の頃はボランティアで来てくれた若い子たちによく話をして，泣いてくれた。また話したいと思うことがある」。

参加者の声から，震災は忘れてはいけないものであると同時に忘れたいものでもある。という苦しさが受け取られた。まだまだ教訓などにはできない。震災が奪っていったものは住宅や家財道具というモノそのものではなく，モノに重ねられた自分自身・家族の歴史なのだと，そして重ねた年月が長ければ長いほど，喪失感は計り知れないものであることを強く感じた。

手芸教室の参加者は，写真からもわかるように，小学生，小さな子どもさんのいる若いお母さん方から高齢の方まで，幅広い年齢層であった。「組紐をやると集中してしゃべらなくなるねぇ」などと笑い合いながら，とても楽しい時間をともに過ごした。話し合うことはとても大事なことではあるが，仮設の住宅から外へ出て，日常しないことに集中して取り組み，わからないところを教え合い，作品を褒め合う。その一体感が生活再建の小さなエネルギーになってくれることを願っている。

(3) 生活支援活動としての子ども支援にかかわる取り組み

生活支援活動の一環として子ども支援にかかわる取り組みを行ったが，その1つは講演会「被災地の子どもたちに寄り添って」の開催，2つには親子料理教室の開催である。以下，それぞれの内容について述べる。

1) 講演会「被災地の子どもたちに寄り添って」の開催

子ども支援を行ううえで，被災地（宮城県沿岸部など）の子どもたちの現状を知り，子どもへのかかわり方を学ぶ必要があると考え，子どもの支援に力を注いでいらした宮城教育大学復興支援センター特任教授の阿部芳吉先生を講師に講演会を開催した。

図3-5　講演会

> テーマ　被災地の子どもたちに寄り添って　　　講師　阿部芳吉
> 日時　2012年9月16日（日），17時～18時
> 場所　石巻市恒心会会館（石巻市旭町11-4）
> 参加者　・生活研究プロジェクトメンバー（12名）　・子どものための石巻
> 　　　　市民会議メンバー（11名）　・その他大学教員（2名）

　テーマ，日時などは上記参照。

　阿部氏は公立中学校の教諭・教頭・校長，青少年指導センター所長および仙台市教育委員会教育長を経て，2007年度より宮城教育大学理事（連携担当）・副学長に就任された。講演では，はじめに，氏が大学に就任後学生たちをみる中で，彼らが教員になるためには3～4週間の教育実習では不十分であると感じ続けていたこと，そのような中，東日本大震災が起き，今こそ学生たちに津波などの被害の現場を見させ，子どものケアにあたらせることが必要だと考え，すぐに学生を連れて被災地に向かったことが紹介された。向かった先は，被害の大きかった小学校数校であり，チームをつくって訪問し，親へのアンケート調査や聞き取り調査などを実施した。これらの調査から，被災した子どもたちのさまざまな状況―お母さんにしがみついて離れない子ども，大学生におんぶやだっこを要求する子ども，思い切りパンチをしてくる子ども，自分の悲しみを隠そうとする思春期の子ども，仮設住宅でスクールバスによる通学のため運動不足になっている子ども等々が把握された。このようにして，被災した子どもたちの実態を知り，理解を深めていく中で，学生自身が大きく育っていく様子がみられるようになったとのことであった。

　なお，被災した子どもたちの心の傷が癒えることはないが，学校で勉強しているときはそれを忘れることができ，子どもにとって学校の授業が一番の癒しになっていることや，震災後の授業で，人生いかに生くべきかについて取り上げられるようになってから，「～になりたい（警察官，消防署の職員，看護師，医者など）」という意思表示をする子どもが増えてきていることも紹介され，子どもにとっての教育の大切さが語られた。

講演の後半では，一部の情報だけを鵜呑みにしないことや，全国の学生がボランティアを体験することの重要性が述べられた。また，災害などの予期せぬ事態のときに，誰がどのように陣頭指揮をとるか，避難所などをどうするか考えておくことや，連絡網を整備しておくことなどについても助言がなされた。さらに，震災後に開催された全国高校生サミットにおける福島の高校生の報告—放射線の正しい知識を得ること，風評被害の問題など—や，中学生サミットでの気仙沼の中学生の報告—全国からボランティアの人が来てくれた，今度は観光客として来てほしい。気仙沼がもう一度魚の町として栄えてほしい—などが紹介された。これまで，阿部氏が実際にかかわってきた気仙沼大島の中学生に対しては，震災後いろいろなことにがんばり，随分成長したことがしみじみ語られた。

阿部氏は今回の震災を振り返り，人と人の心が通じることが一番大切であることを述べ，例えば，避難所において少ない食糧を分け合って食べることでも心が温かくなる，人がそばにいてくれるだけで元気になる，特に学生（若い人）が被災地に来てくれるだけで元気をもらうことができるとのことであった。そして最後に，多くの人（小学生〜大学生）の慰問を受けた女川（おながわ）の避難者からの手紙（下記内容）が紹介された。

慰問に来てくれた子どもたちは，
・大災害に強い建物を造る技術者になれるだろう。
・困難なときにリーダーシップをとって的確な指示を下してくれる人になるだろう。
・思いやりのある先生に育ってくれるだろう。
・日本を背負ってくれる青年に成長してくれるだろう。
皆さんを見守りながら確信しました。

今回の講演で，被災した子どもたちの状況を具体的にお話いただくとともに，ボランティアの重要性と必要性についても力説いただき，参加した「子どものための石巻市民会議」メンバーや本プロジェクトメンバーなどにとって大

変有意義な講演となった。また，辛い体験も皆で力を合わせて対処していくことで，それが一人ひとりの成長に結びついていくという示唆もいただき，今後の活動への励みになった。

2）親子料理教室の開催

次に親子料理教室について述べる。実施内容などは下記のとおりであるが，集会所内が一杯になるほどの盛況であった。参加者のうち実際の親子は1組のみであったが，仮設に居住している多くの大人が子どもたちに丁寧に教え，楽しく料理作りをしている様子が写真からもうかがえる。

内容：肉まん，あんまん＋オレンジゼリーを作ろう
日時：2013年3月24日（日），13時30分～16時
場所：南境第4団地集会所（石巻市南境字小堤163-1）
参加者：子ども9名＋女性7名＋男性7名（うち，親子1組）
　　　　→若干の出入りがあった。子どもは2歳～中3まで。
担当：浜島京子（福島大学），福島大学院生1名，福島大学3年生3名
　　　吉井美奈子（武庫川女子大学，記録・インタビュー）

図3-6　親子料理教室の様子

親子料理教室に参加した人たちにインタビューをした結果を下記に示した。

> 参加者の声
> ・集会所でのお茶っこ（みんなでお茶を楽しみながら話す）が楽しい。だけど，団地内の人だけじゃなくて，外から来た人とも本当は話したい。
> ・震災の話も最初の頃はボランティアで来てくれた若い子たちによく話をして，泣いてくれてねぇ，また話したいと思うことがある。
> ・話を聞いてほしいという気持ちもある。
> ・みんな同じ仮設に入っていても，それぞれ心は違う，経験も違うし，被災状況も違う。
> ・（今回の参加者に福島県の子どもたちがいたので）「私もあんまり行ってないけど，実は福島に住んでいたことがあってねぇ。あっちは大変だね…」
> ・名古屋の中学校の元先生が3回位ギター片手に訪問してくれて，歌を聞かせてくれて楽しかった。みんなで歌ったこともあったが，聞いているだけでも楽しい。
> ・日本家政学会は前も来てくれた。組紐が楽しかったので，またやってほしい。
> ・あまり動かないから，健康体操などの企画をしてほしい。
> ・蛇田地区から参加した親子と久しぶりに再会したという様子もみられた。
>
> ＜参加者と話をして＞
> 　今回，終了後に少し話をする時間があったので，感想などを聞いていたら震災経験の話になり，被災当時娘さんが病院に入院されていた方，家に泥が沢山あった話をしてくださった方など「話し足りないの」ということもおっしゃっていた。もっと話を聞いてほしい，という意思表示がみられたため，「こちらも話をうかがいたい」とお伝えし，5，6月頃はお茶っ子をして話ができたらいいね，という話が出た。
> 　また，組紐も大変好評で，またやってほしいという声があった。今回の料理教室の企画も「楽しかった」という声がほとんどで，子どもたちに教える姿が自然にみられた。

　これをみると，親子料理教室は楽しかったとの感想はもたれたようである。肉まんやあんまんは買って食べることが多いと思われるが，今回は自分たちで皮を作ることから始め，肉をこねたり，皮に肉やあんこを包む作業などを行っ

てもらった．図3-6に見るとおり，参加した老若男女皆楽しそうに料理づくりをしている．しかし，料理そのものへの具体的な感想はなく，とにかくいろいろな人と話をしたい，話を聞いてもらいたいなどの要望が多く出された．

　これより，仮設で暮らしている人々が最も求めていることは，人との対話やかかわりをもつことであるといえよう（これらのことは，奇しくも上述1に記した阿部芳吉氏の言と一致しているのである）．今回の親子料理教室において，仮設で暮らす大人，特に高齢者や一人暮らしの人たちは，子どもたちに作り方を教えたり，子どもたちとの会食を通して，日常生活にはなかったやわらかなかかわりを体験することができ，それらの喜びが大きかったものと思われる．すなわち，彼らにとって何を作ったかということよりも，幅広い年齢層や地域も異なるさまざまな人々と触れ合い，かかわることで，お互いを思いやったり，自分の存在感を確認することができたりと，そのことの意味のほうがずっと大きかったことが推察される．なお，今回行ったインタビューは大人中心になったため，子どもの感想が十分把握できず残念であったが，親子料理教室に参加した全員が，年齢層などの異なる者同士で協力して料理作りをすることや会食の楽しさ，喜びを体感し，心の充足感につながったことが推測される．

　こうした状況をふまえると，被災者に対し，「もの」や「こと」を介して人と人を結びつける活動の機会をつくることは生活支援の重要な取り組みであると認識される．そのうえで，今後はそれらの体験により，自分自身を見つめ直したり，新たな生活を切り開いていこうとする意思や行動力を生み出すことがさらに重要であり，それを後押しできるような支援が必要になると考える．また，子どもにとっては，さまざまな人・もの・こととのかかわりを通して，夢や希望を育むことができるような支援が求められよう．それらのために，人と人とのつながりや人間の生活を豊かに創造していく家政学の役割は重要であり，それを再認識したうえで引き続き生活支援のあり方を検討していくことが必要と考える．

(4) 支援活動からみえてきた被災者の生活課題

　これまで開催した料理教室，手芸教室，子育て教室においては，参加者のさまざまな声を聞くことができた。そこでは，被災当時の生々しい様子から現在に至るまでのさまざまな状況と被災者たちの思いが語られている。最初はなかなか被災の状況を聞くことができず，とりあえず目前の料理や手芸に集中することで，互いの理解を深めていくことを目指して活動を行った。しかし，回を重ね，何度か一緒に活動をしていく中で，次第に震災の話題が出てくるようになったのである。このことは，被災者にとって忘れることができない辛い記憶であるにもかかわらず，少しずつそれを乗り越えていくことができるようになったことを意味するのではないだろうか。

　そこで，教室参加者から聞くことができた生活課題について，いくつかの点からまとめてみたい。

1）料理教室参加者

　料理教室参加者は全体的に60～80歳代の女性が多く，何回か参加した人もいて，少しずつ震災プロジェクトの活動が浸透してきているようである。参加の動機は，「料理に興味があった」が多く，次いで「同じ団地の人に声をかけてもらった」であった。

　ただ料理を作るだけでなく，調理方法や後半の説明用の掲示，配布資料がとても魅力的でわかりやすかったと好評であった。調理方法以外の料理に関する意味や説明についても興味をもったことがうかがえる質問が出された。

　参加者らは料理教室に参加し「楽しい」「今後も参加したい」というよい印象をもったようである。また，「今度はいつ開催するのか」という声も聞かれ，この活動は成功であったと思われる。また，終了した後も，参加者同士でしばらく座って話がはずみ，今回の料理教室が交流の場の一つになったといえよう。

　料理教室を通しての生活課題は，①安全でバランスのとれた食生活，②健康維持のための食事，③家族と一緒の食事，④地域の人々との交流の機会，⑤伝統的な料理の継承，などがあげられる。仮設住宅という限られた生活の場で，

どの程度以前の食事が可能であるのかということが気がかりである。また，食事は単に空腹を満たすのではなく，家族や隣人と食事をともにすることによる心理的な効果が期待される場である。そして，地域特有の伝統料理を一緒に作ることにより，材料や作り方の違い，味つけなどを情報交換することによって，いっそう地域の連帯意識が強まるのではないかと感じた。したがって，このような機会がしばしば提供されることで，地域住民同士のつながりが深まると同時に，食事を通して新たな関係を築けるのではないかと思う。また，このような機会に，健康な食生活のあり方を専門的な立場から伝えていくことが重要であるだろう。

2）手芸教室参加者

　手芸教室参加者は，さまざまな年代にわたっていた。まず，子育て中の若い母親のグループからは，組紐教室が「針を使わないので子どもがそばにいても安心」という声が聞かれ，「難易度が高くないので楽しい」「熱中できる」という声も多かった。ほとんどが2歳以下の子どもを連れての参加であり，日常の活動に手芸教室を加えての開催であった。

　また，さまざまな年齢の人が集まったマカロンやティッシュケース，手まりの製作では，それぞれデザインの工夫がなされて，参加者同士の交流が生まれ，楽しむことができたようである。

　組紐を2回行った仮設住宅では，さらに複雑な技術も学んで，自宅でもプレゼント用に作りたいという声も聞かれ，慣れてくると話しながら組紐を楽しむようになった。また，津波のことを忘れられる，また一緒に製作をしたい，という声が多くあった。仮設住宅の中では気が滅入ることもあるし，辛くなることもあるが，このように集まって手芸をすると仲間もできるし，楽しいという声が聞かれた。

　手芸教室を通しての生活課題は，①生きがい，②趣味・娯楽，③地域の助け合い，④地域の伝統や文化を伝える，⑤生活と心のゆとり，などがあげられる。仮設住宅での生活には多くの問題があるとしても，毎日の生活の中に趣味的なことに心を使う余裕が出てくることは，生活再建の一歩になるのではないだろうか。地域の人々と一緒に手芸をすることによって，新たなつながりが生まれ

てくる。仮設住宅には以前の生活地域が異なる人々が入居しており，「仮設で友達になった」と話す人もいた。地域の伝統料理のように，伝統的な手芸を一緒に作って話題が盛り上がることになるとよいのではないかと思われた。

3) 子ども支援

　被災地で問題になっている子ども支援の取り組みとして行われた講演会では，ボランティアなど家族以外の人がどのように子どもにかかわっていけばよいのか，という視点から多くの提案がなされた。また，将来教壇に立つ学生たちにとって，災害時の教員としての心構えや子どもへの接し方など，実際に被災地で経験することが大きな力となることが示された。

　親子料理教室では，日常的にも少なくなっている親子が一緒に料理を作る機会がさまざまな効果を生んだといえる。例えば，親同士，子供同士の交流，年代の違う家族の協力など，これまで忘れられてきた家族と地域とのつながりが，料理教室を通して再びその役割が見出されてきたことに大きな意味がある。

　子ども支援に関する生活課題は，①安全・安心な子育て，②安定した親子関係，③地域の見守り，④子ども同士の交流，⑤生活習慣の確立，などがあげられる。被災地では，多くの課題を抱えながらも，年長の子どもたちが互いに助け合うなどの事例が報告されている。これからも継続して子ども一人ひとりに向き合っていくことが必要であろう。

　料理教室，手芸教室，子ども支援活動を開催したことによって仮設住宅の人たちとのつながりができたことは，大きな収穫であった。今後はこれまでの活動とともに参加者の体験をさらに聞き，アンケートの結果を参考にして，仮設の人の生活再建に向けての活動を継続することが必要であることを再認識した。

2. NGOピースボートによる炊き出し支援の献立分析と提案

(1) ピースボートによる炊き出し支援

災害時におけるボランティア支援の一つに炊き出し支援がある。

国際交流を目的に船旅の企画をしているNGO団体のピースボートは，東日本大震災発生後，3月15日に石巻専修大学に「石巻市災害ボランティアセンター」を開設し，市内の被災者へ水，食糧などの救援物資の配布や，泥かき，避難所の自立支援を行うとともに，炊き出し支援を行った。炊き出しは，大学の駐車場にテントを設営してテント内で調理を行い，市内の大街道（おおかいどう），三ツ股（みつまた），釜会館（かまかいかん），永厳寺，黄金浜（こがねはま）などの避難所へ，広範囲にわたって配食を行った（図3-7）。

本報告は，その炊き出し支援の献立名から，使用されている食材の栄養評価を分析し，今後の被災時の炊き出し支援における献立提案を試みた。

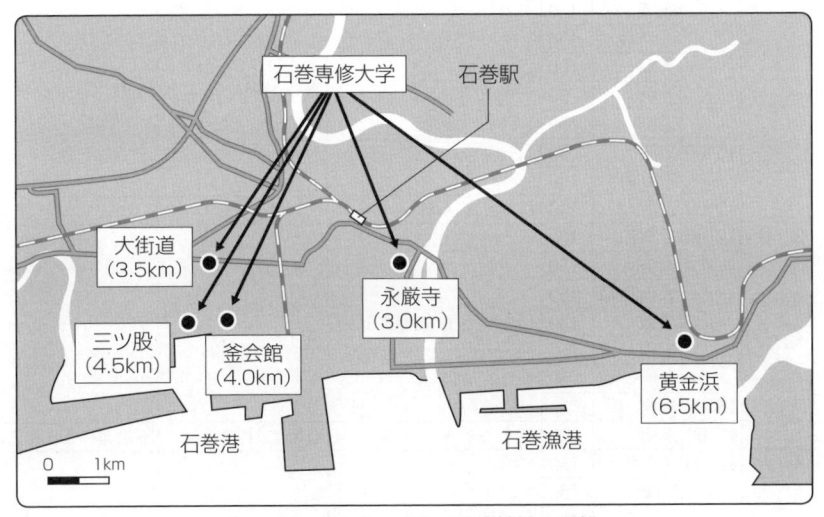

図3-7 炊き出しの主な配食地域と距離

（2）献立データの内容

献立データは，表3-3の例に示すように，炊き出しを行った日付，時間，場所，食数，メニュー名が記載されたものである。たとえば，4月30日（土）12時に味噌煮込みうどん50食，ミネストローネ100食，翌5月1日（日）の12時と15時に肉じゃが，金時煮豆とご飯合計930食，17時には具だくさん汁とご飯100食，5月2日（月）の12時と15時にビーフと野菜のカレー，大根とキュウリの浅漬け750食，17時にたまごチャーハン，なめこ汁と小松菜のごま和え100食が調理されていることがわかる。

データにはこのような内容で，3月26日（土）〜9月30日（金）までの164日間に，少ないときは一度に30食，多いときは800〜900食以上，合計106,924食が調理され，複数の避難所へ配食されていたことが記録されている。

表3-3　1週間の献立

日付	時間	場所	食数	メニュー		
4/30(土)	12:00	近所	50	味噌煮込みうどん		
		近所	100	ミネストローネスパゲティ		
5/1（日）	12:00	黄金浜	150	肉じゃが	金時豆煮	ご飯
		鹿妻	150			
		三ツ股	150			
		大曲	100			
		近所	50			
		栄田	150			
	15:00	雄勝	30			
		不動町	150			
	17:00	近所	100	具だくさん汁	ごはん	
5/2（月）	12:00	千刈田	100	ビーフと野菜のカレー	大根とキュウリの浅漬け	
		永厳寺	150			
		大街道東	150			
		渡波	150			
		栄田	150			
		近所	50			
	15:00	雄勝	30			
	17:00	近所	100	たまごチャーハン	なめこ汁	小松菜のごま和え
5/3（火）	12:00	黄金浜	150	クリームシチュー	大根の浅漬け	ご飯
		鹿妻	150			
		三ツ股	150			
		大曲	100			
		近所	50			
		栄田	150			

5/3 (火)	15:00	雄勝	30	クリームシチュー	キャベツゆかり和え	ご飯
		不動町	150			
	17:00	近所	100	牛肉とナスのしぐれ煮	キャベツゆかり和え	
5/4 (水)	12:00	千刈田	100	豚肉と白菜の卵とじ丼	キャベツとオイルサーディンの和えもの	
		永厳寺	150			
		大街道東	150			
		渡波	150			
		栄田	150			
		近所	50			
	15:00	雄勝	30	青菜とじゃこのまぜご飯	中華野菜スープ	
	17:00	近所	100			
5/5 (木)	12:00	黄金浜	150	牛肉と大根の塩煮込み	キュウリの黒ごま和え	ご飯
		鹿妻	150			
		三ツ股	150			
		大曲	100			
		近所	50			
		栄田	150			
	15:00	雄勝	30			
		不動町	150			
	17:00	近所	100	白味噌ラーメン		
5/6 (金)	12:00	千刈田	100	豚肉と野菜の煮込み	ご飯	
		永厳寺	150			
		大街道東	150			
		渡波	150			
		栄田	150			
		近所	50			
	15:00	雄勝	30			
	17:00	近所	100	和風きのこスパゲティ		

　東日本大震災がもたらした被害状況は非常に広範囲で甚大であった。炊き出しが開始された始めの1か月間は，調理を行うための物資の輸送が難航したためか献立の品数は少なく，2か月目以降は複数献立が増え，その後最終の9月に入るとまた減っていた。このように炊き出しが開始されてから，調理された品数はおおよそ月単位で変動している様子が献立データからうかがえた。そこで，本報告では月単位に相当する4週間を1期間とし164日間を7期間に区分して，献立の栄養評価の分析を行った（表3-4）。

　それぞれの期間の日数が異なっているのは，3月26日〜5月29日までは炊き出しは週7日間毎日行われたが，その後6月1日に調理場所を市内の居酒屋

表3-4 分析期間

期	週	期　間	日　数	食　数
1期	第1～4週	3月26日～4月22日	28日	23,580食
2期	第5～8週	4月23日～5月20日	28日	25,140食
3期	第9～12週	5月21日～6月17日	24日	20,520食
4期	第13～16週	6月19日～7月15日	24日	18,416食
5期	第17～20週	7月17日～8月12日	21日	8,088食
6期	第21～24週	8月14日～9月9日	21日	5,355食
7期	第25週～	9月11日～9月30日	18日	5,825食
合　計			164日	106,924食

へ移転してからは週6日間の提供となり，また余震や台風などが発生したときは中止をした日もあったためである．

(3) 献立分析
1) 食材の使用状況

　宮城県気仙沼市のK避難所における，震災発生後の3月23日～3月27日までの5日間の食事記録によると，おにぎりやパン，みそ汁のほか，野菜，果物類については，野菜炒め1回と野菜ジュース2回が提供されていたという報告がある[1]．震災直後の被災者の食事は，手軽に多くのエネルギーが摂取できる炭水化物中心のおにぎりやパンなどが多く，新鮮な野菜類や果物類は摂ることができない状況にあり，4か月を経過してもそれらは十分に改善されない地域があるという報告もある[2]．また，気仙沼市，石巻市，岩手県釜石・大槌地区，宮古地区，大船渡地区における栄養・食事管理の調査では，各避難所でみられた問題点の一つに，たんぱく質食品と野菜類が圧倒的に不足していたと報告されている[3]．さらに，1995年1月17日に発生した阪神・淡路大震災において，避難所における被災者の食事に対する要望の中で，151人中40人が野菜，果物の不足をあげていた[4]．

　そこで，ピースボートにより調理された料理がどのような食材を用いていたかを，献立名から「ご飯」「煮物」「具だくさん汁」「浅漬け」などと，料理を

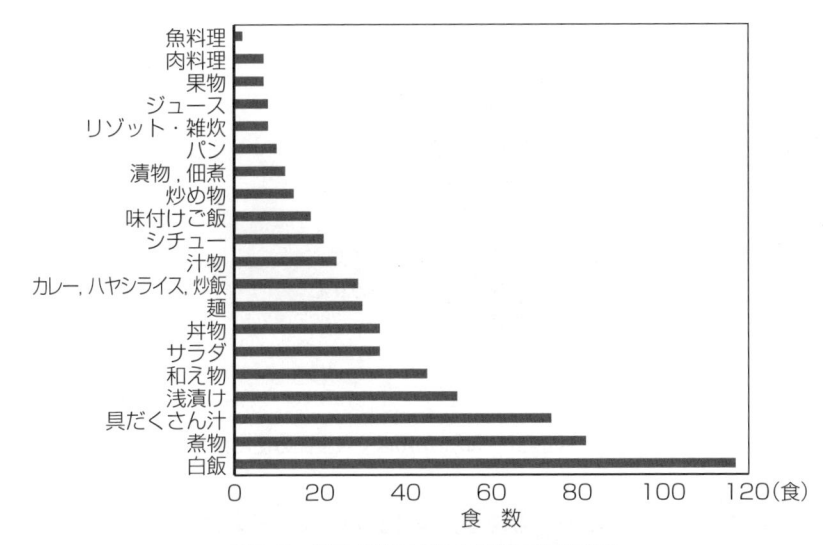

2. NGOピースボートによる炊き出し支援の献立分析と提案

図3-8 献立分類からみた料理の提供食数

20種類に分類し集計を行った。「煮物」に分類した献立には，肉類と根菜や葉物などの野菜類の煮物，豆腐と野菜の煮物や野菜の卵とじなど，「具だくさん汁」に分類した献立にはミネストローネ，具だくさん味噌汁，粕汁などが含まれている。

一番多く調理されていた料理は628食中，白飯117食であった。次いで，煮物81食，具だくさん汁73食，浅漬け51食，和え物45食，サラダ34食，丼物34食などであった（図3-8）。浅漬けに用いていた食材は，キャベツ，カブ，キュウリなど，和え物はホウレン草，小松菜など，サラダはキュウリ，トマトなど，丼物は肉類とネギや卵と白菜などで，いずれも野菜を用いた料理が多く調理されていた。果物の献立については，7食と少ない状況にあった。

阪神・淡路大震災時の被災者の151人中32人は，魚の不足もあげていた[4]。献立名に肉類，魚類，卵，大豆および大豆製品，牛乳・乳製品などのたんぱく質食品が使用されている献立は628食中190食で，それぞれの割合は190食中肉類60.0％，魚類9.5％，卵14.7％，大豆および大豆製品15.3％，牛乳・乳製品0.5％で，魚類は9.5％と低値であった（図3-9）。本献立では，魚類を主と

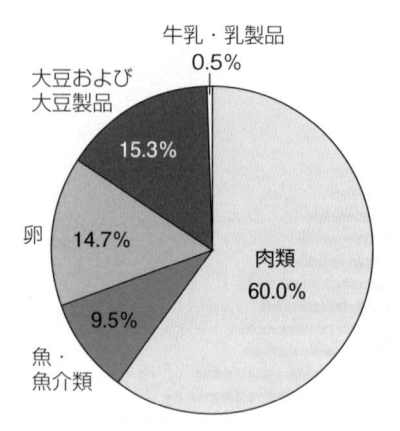

図3-9 献立名からみたたんぱく質食品の使用状況

した献立は628食で,そのうち焼き魚は2食のみで,それ以外は大根とブリの梅煮,キャベツとオイルサーディンの和え物,ツナピラフなど,野菜や米と組み合わせた献立であった。

肉類は60.0%と最も高いが,肉類を主とした献立は628食中ハンバーグなど5食で,多くは煮物,汁物,丼物,カレー・ハヤシライス,シチュー,炒め物などに含まれていた。牛乳・乳製品は0.5%とわずかであった。

このような献立内容と食材の使用状況から,被災者へは被災者が不足しがちな野菜を積極的に料理に活用する一方で,たんぱく質食品の中では肉類を用いた献立が多く,魚類は少なく,それらは主に野菜類と組み合わされており,牛乳・乳製品,果物はわずかだったことがうかがわれた。

2) 一食当たりの料理の品数

支援物資による配食では,おにぎり,菓子類,菓子パンなどが多く,それらが続くと飽きて食べられない人もあったとの報告がある[3]。このような食欲不振が長期にわたる場合,栄養不足により健康を害することも懸念される。炊き出しはそれら配食による偏った食糧支援や,それによって招く摂取不良による栄養不足を補う役割も担っているといえる。

炊き出し食の一回当たりの料理の品数が複数である場合は,使用する食材も

2. NGOピースボートによる炊き出し支援の献立分析と提案　119

表3-5　期間別の品数の割合変化

期　　間	単品(%)	2品(%)	3品(%)	4品(%)	5品(%)
1期（3/26～4/22）	50.6	35.8	8.6	3.7	1.2
2期（4/23～5/20）	16.4	28.4	55.2	0.0	0.0
3期（5/21～6/17）	11.4	37.1	48.6	2.9	0.0
4期（6/19～7/15）	34.2	2.6	63.2	0.0	0.0
5期（7/17～8/12）	27.6	13.8	58.6	0.0	0.0
6期（8/14～9/9 ）	35.7	14.3	50.0	0.0	0.0
7期（9/11～9/30）	56.5	39.1	4.3	0.0	0.0

※1　網かけは期間において多い品数を示す。
※2　値は一回に提供された料理の品数を各期間の述べ品数で割ったものである。

種類が増えるので栄養価が充実し，また見た目にも満足感が得られる。そこで，栄養バランスや満足度を，一回に提供された料理の品数の変化から検討した（表3-5）。

炊き出し初期の3月26日～4月22日は，単品50.6％，2品35.8％と，単品，2品の割合が高かった。また最終期の9月11日～9月30日は，初期と同様に単品，2品の占める割合が高く，単品56.5％，2品が39.1％であった。これは，初期は炊き出しを行う環境が整うまでは単品が多く，炊き出しが軌道にのる過程で徐々に2品が多くなっていったのに対し，最終期は震災発生から約半年が経過すると，他の支援が高まるとともにボランティア支援が縮小していったことから，単品や2品が多くなっていったと推察される。

炊き出しが軌道にのった2期目以降の4月23日～9月9日までの長期間にわたっては，ご飯と肉類と野菜類の煮物，野菜の浅漬けや汁物などといった主食，主菜，副菜に相当する3品献立が48.6～63.2％調理されていた。このように炊き出しの献立からみる限りでは，炊き出し初期と最終期の期間を除き，一回の料理の品数は3品以上が約50％以上を占め，不自由な避難所生活の中で，食事も十分に摂ることができない被災者へ，災害支援ボランティアとして栄養価の充実した，見た目にも満足感が得られるような料理を提供する努力がなされていたことがうかがわれた。

3）季節的配慮

　寒いときに冷えたおにぎりやジュースが続くと食欲が低下するだけでなく，消化機能の低下によって消化不良を起こし，それらが精神的ストレスにつながることも懸念される[5]。大震災が発生した3月11日は，東北では小雪が舞う寒い日の午後であった。そのような寒さの中，不自由で過酷な生活を強いられた被災者への温かい料理の提供は，ストレスを緩和し，精神的な安らぎを与え，心を癒すことにもつながる。

　そこで，寒い季節への配慮がどの程度なされていたのか，温かい料理として具だくさん汁，温かい麺類，汁物，シチュー，リゾット・雑炊を取り上げ，提供された食数に対する割合をそれぞれの期間ごとに分析した。

　温かい料理は，炊き出しを開始した1期（3月26日～4月22日）の期間で，148食中32.4％，2期（4月23日～5月20日）の期間で23％と，気候が温暖になる3～7期（5月21日～9月30日）までの期間の6.8％，12.2％，9.5％，9.5％，6.8％に比べ，高い割合で提供されていた（図3-10）。提供された温かい料理148食のうち，具だくさん汁は73食と，汁物の26食，シチューの21食，温かい麺類の20食，リゾット，雑炊の8食の順に多く提供されていた（図

＊値は提供された温かい料理の総合数に対する各料理の割合を示す。

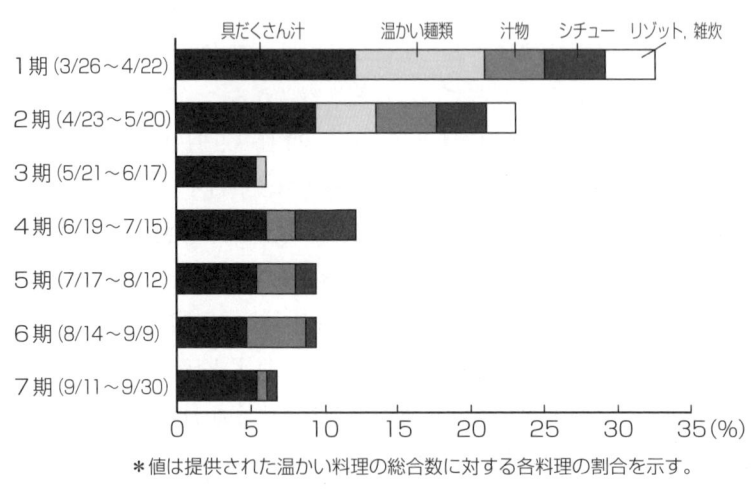

図3-10　温かい料理が提供された割合

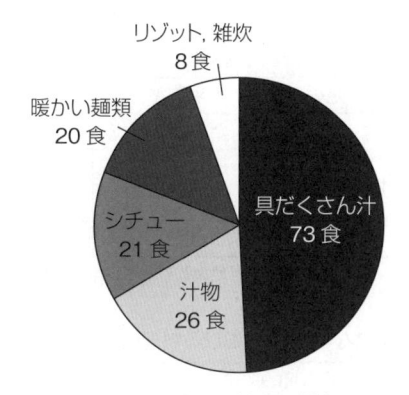

図3-11 温かい料理の割合

（リゾット，雑炊 8食／暖かい麺類 20食／シチュー 21食／具だくさん汁 73食／汁物 26食）

3-11)。これらから，冷えたおにぎりやパンを中心に配食されている多くの避難所へ，いち早く温かい料理を提供して，肉体的にも精神的にも温まってもらおうという被災者への配慮がみられた。

(4) 栄養評価
1) 主食，副菜，主菜，牛乳・乳製品，果物の充足率

　提供を受けた献立データは，献立名のみ記載があり材料，分量の記録がなかったため（表3-3），栄養素レベルでの分析は困難であった。そこで厚生労働省，農林水産省合同で考案され，栄養教育のツールとして活用されている，年齢，性別，身体活動別に1日に何をどれだけ食べたらよいかを主食，副菜，主菜，牛乳・乳製品，果物の5つの料理に区分し，料理の品数（サービング数）で栄養バランスを表現した，「食事バランスガイド」を用いて炊き出し食の栄養評価を推定することとした。

　厚生労働省が示した「避難所における食事提供の評価・計画のための栄養の参照量」（表3-6）[6]では，エネルギー摂取の過不足を回避する一日のエネルギー量を，日本人の食事摂取基準（2010年版）[7]で示されているエネルギーをもとに，平成17年国勢調査結果で得られた性・年齢階級別の人口構成を用いた加重平均を参考にし2,000kcalとしている。そこで，一日の必要エネルギ

表3-6 避難所における食事提供の栄養参照量

	エネルギー・栄養素	1歳以上，1人1日当たり
エネルギー摂取の過不足の回避	エネルギー	2,000kcal
栄養素の摂取不足の回避	たんぱく質	55g
	ビタミンB_1	1.1mg
	ビタミンB_2	1.2mg
	ビタミンC	100mg

厚生労働省健康局総務課生活習慣病対策室，2011.4.21

表3-7 食事バランスガイドにおける料理区分のサービング（SV）数

料理区分	600kcal/食に相当するSV数（sv）	1,800kcal/日に相当するSV数（sv）
主 食	1.7	5
副 菜	1.7	5
主 菜	1.0	3
牛乳・乳製品	0.7	2
果 物	0.7	2

一量は避難所における被災者の身体活動量を勘案して1,800kcalとし，一食を600kcalとした。

一食600kcalに相当する食事バランスガイドにおける料理区分のサービング（SV）数は，「食事バランスガイドを活用した栄養教育・食育実践マニュアル」[8]を参照し，主食1.7sv，副菜1.7sv，主菜1sv，牛乳・乳製品0.7sv，果物0.7svとし（表3-7），提供された料理の栄養評価はこの基準値に対する充足率から評価を行った。

主食のSV数はご飯180gを1.7sv，副菜や主菜は肉じゃがは副菜2sv，主菜1sv，牛肉と野菜の煮物は副菜2sv，主菜1sv，ミネストローネは副菜1sv，小松菜のごま和えは副菜1svなどと，献立データに記載されている料理名から推定し，換算を行った（表3-8）。

主食，副菜，主菜の充足率は，1期（3月26日～4月22日）では，それぞれ75.9％，66.1％，72.8％とやや低値だったが，2期（4月23日～5月20日）では，97.3％，101.0％，78.4％，さらに3期（5月21日～6月17日）では，

2. NGOピースボートによる炊き出し支援の献立分析と提案　123

表3-8　サービング（SV）数の換算例

献立例	主食	副菜	主菜	牛乳・乳製品	果物
ご飯	1.7sv				
肉じゃが		2sv	1sv		
牛肉と野菜の煮物		2sv	1sv		
ミネストローネ		1sv			
小松菜のごま和え		1sv			
コールスローサラダ		1sv			
キャベツの浅漬け		1sv			

表3-9　主食，副菜，主菜，牛乳・乳製品，果物の充足率

期間	主食 （1.7sv）	副菜 （1.7sv）	主菜 （1sv）	牛乳・乳製品 （0.7sv）	果物 （0.7sv）
1期（3/26～4/22）	75.9%	66.1%	72.8%	0.0%	17.6%
2期（4/23～5/20）	97.3%	101.0%	78.4%	1.1%	0.9%
3期（5/21～6/17）	100.5%	115.9%	90.9%	0.0%	0.0%
4期（6/19～7/15）	66.7%	119.2%	69.7%	0.0%	0.0%
5期（7/17～8/12）	73.0%	115.6%	79.3%	0.0%	0.0%
6期（8/14～9/9）	67.9%	100.8%	66.1%	0.0%	0.0%
7期（9/11～9/30）	52.4%	72.2%	63.6%	0.0%	3.2%

100.5％，115.9％，90.9％と，主食，副菜，主菜のいずれも徐々に充足していった（表3-9）。1～3期の主食，副菜，主菜の充足率が高かったのは，この期間に2品や3品の複数献立が多く提供されていることによる（表3-5）。特に3期の充足率は高く，提供された料理は主食・副菜・主菜のバランスに優れていたと思われる。4期（6月19日～7月15日）の期間では，副菜は119.2％と高いものの，主食66.7％，主菜69.7％と低く，これは，この期間の献立は，3品が多いが，単品の場合も多かったことに関与する。

その後は，5期（7月17日～8月12日），6期（8月14日～9月9日）では，副菜の充足率は115.6％，100.8％と充足していたが，7期（9月11日～9月30日）の最終期では72.2％と低下し，主食，主菜も副菜と同様に，充足率は

低下していた。これは 前述したように，震災発生から約半年が経過し，他の支援が高まるとともにボランティア支援も縮小し，提供された献立は単品や2品が多くなっていったためである。

牛乳・乳製品の充足率は，2期で1.1％のみであった。また，果物は1期で17.6％，2期で0.9％，7期で3.2％といずれもわずかであった。

以上のことから，主食，主菜，副菜は充実した期間もあったが，牛乳・乳製品，果物は期間を通してわずかだったので，栄養的なバランスは偏りがあったといえる。

2）エネルギーの充足率

食事バランスガイドにおける1svに相当する主材料の量的基準は，主食は穀類由来の炭水化物約40g，副菜は主材料の重量約70g，主菜は肉，魚，卵，大豆および大豆製品由来の主材料のたんぱく質約6g，牛乳・乳製品は牛乳・乳製品由来のカルシウム約100mgは牛乳の重量100gに相当し，果物は重量約100gである[8]。そこで，それぞれの1svに相当するエネルギー量の算出には，主食はアトウォーター係数を用いて160kcal，副菜は腎臓病食品交換表で野菜200gを50kcalとしているので70gは20kcal，主菜は腎臓病食品交換表でたん

表3-10　エネルギー量の算出

料理区分	1svに相当する主材料の量的基準		1svに相当するエネルギー	基準値／食	
				SV数(sv)	エネルギー(kcal)
主食	炭水化物	40g	40g × 4kcal=160kcal	1.7	272
副菜	野菜，きのこ，いも，海藻	70g	70g/200g × 50kcal ≒ 20kcal	1.7	34
主菜	たんぱく質	6g	6g/3 g × 30kcal=60kcal	1.0	60
牛乳・乳製品	カルシウム	100mg(牛乳100g)	100g/90g × 60kcal ≒ 70kcal	0.7	49
果物	果物	100g	100g/175g × 80kcal ≒ 50kcal	0.7	35
油脂類および調味料類					150
小　　計					450
合　　計					600

表3-11　一食あたりのエネルギー充足率

期　間	エネルギー充足率
1期（3/26～4/22）	58.1%
2期（4/23～5/20）	72.2%
3期（5/21～6/17）	76.5%
4期（6/19～7/15）	55.0%
5期（7/17～8/12）	59.5%
6期（8/14～9/9）	53.9%
7期（9/11～9/30）	43.0%

※充足率は1食600kcalに対するエネルギー量の割合。

ぱく質3gを30kcalとしているので6gは60kcal, 牛乳・乳製品は同じく腎臓病食品交換表で牛乳90gを60kcalとしているので100gは70kcal, 果物は糖尿病交換表で果物約175gを80kcalとしているので100gは50kcalとした研究報告[9]を引用した。これらを用いて, 各料理区分のSV数を乗じて得られたエネルギー量の合計は450kcalとなる（表3-10）。

食事バランスガイドでは, 油脂類や調味料類は料理区分に表現されていないため, 油脂類や調味料類のエネルギー量を次のように設定した。日本人の食事摂取基準（2010年版）[8]で示されている30歳以上の脂肪エネルギー比率は20%以上25%未満であり, 避難所における被災者の身体活動量を勘案して, 450kcalに対する脂肪エネルギー比率を20%の90kcalとした。残りの60kcalは砂糖, しょうゆ, みそなどの調味料類として, 合わせて150kcalを付加した600kcalを基準値とした。そして, 基準値600kcalに対する充足率を求めた（表3-11）。

エネルギーの充足率は, 1期（3月26日～4月22日）は58.1%と, 主食, 副菜, 主菜の充足率が75.9%, 66.1%, 72.8%と低いにもかかわらず比較的高い値を示している。これはこの期間は, パン, ハンバーグ, シチュー, サラダ, ジュースなどと5品も提供されている事例があり, 果物もわずかではあるが提供されていたことによると考えられる（表3-9）。

2期（4月23日～5月20日）のエネルギー充足率は72.2%, 3期（5月21

日～6月17日)は76.5%と徐々に高くなり，3期のエネルギー充足率は最も高い期間であった。この期間の主食，副菜，主菜のいずれの充足率も徐々に高くなり，主食・副菜・主菜のバランスがとれた献立が提供されていたと考えられる（表3-9）。4期（6月19日～7月15日）は55.0%と低く，これは野菜チャウダー，けんちん汁のみなどの単品が多く，それに伴って主食や主菜の充足率が低かったことが影響していると考えられる。

5期（7月17日～8月12日）は59.5%，6期（8月14日～9月9日）は53.9%，7期（9月11日～9月30日）は43.0%と低下し，主食，主菜の減少と一致する。

エネルギー充足率は，主食100.5%，副菜115.9%，主菜90.9%と最も充足していた3期（5月21日～6月17日）の期間でも，76.5%と80%に満たなかった。それは，この期間の牛乳・乳製品，果物がいずれも0%であったことによる。本献立では，期間を通して牛乳・乳製品を用いた献立は，フレンチトーストに1食，果物の献立はイチゴ，バナナ，梨などで5食とわずかだったことは，エネルギー充足の妨げになっていたといえる。

(5) 献立の提案

炊き出し食の献立を，食材の使用状況，栄養評価から検討した結果，被災者に不足しがちとされていた野菜を積極的に取り入れていた一方で，栄養バランスの観点から以下の課題が明らかになった。

1) 課　　題

a. 肉類，魚類　肉類，魚類，卵，大豆および大豆製品などのたんぱく質食品の多くは，献立名からみる限りでは，主に煮物，汁物，丼物，カレー・ハヤシライス，シチュー，炒め物などに含まれていたため，量的に不十分な可能性があった。そこで，たんぱく質を充足させるためには，たんぱく質食品を主として用いた献立が望まれる。通常，一品の献立にたんぱく質食品を主として用いる場合の分量のたんぱく質含有量は，肉類，魚類は，卵，大豆製品に比較して約2倍近く含まれている。よって，1日に十分な食事を摂取することができない被災者にとっては，肉類，魚類を主とした献立の提供が有効である。

表3-12　避難所における食品構成例

	(g)		(g)
穀類	550	肉類	80
いも類	60	卵類	55
野菜類	350	豆腐	60
果実類	150	乳類	200
魚介類	80	油脂類	10

国立健康・栄養研究所，2011.5.25

肉類，魚類の分量については，厚生労働省が示した「避難所における食事提供の栄養参照量」（表3-6）に対応して，国立健康・栄養研究所が示した必要なエネルギーおよび栄養量の確保を目指し，安定的に食料供給および食事提供を行うための2,000kcalを目標とした「避難所における食品構成例」[10]における肉類の重量は80gで，魚介類も同量の80gである（表3-12）。しかし，本献立では，献立名にたんぱく質食品が使用されている献立の190食中，肉類60.0％，魚類9.5％と魚類の割合は低く，肉類の約15.6％であった。また，阪神・淡路大震災での被災者の要望でも魚が不足していたとあったことからも，炊き出し食において，魚類は用いにくい食材と考えられる。よって用いやすいような献立を提案する必要がある。

b. 牛乳・乳製品，果物　牛乳・乳製品は，主にカルシウムの供給源として，特に成長期の学童や高齢者にとっては欠かせない食材である。よって牛乳・乳製品を用いた献立の提供が望まれる。

また，果物はビタミンCの供給源として重要である。災害時には多くの身体的・精神的ストレスにより，ビタミンCの消費量が普段の生活以上に多くなる[2]。よって，果物の提供が望まれる。

c. エネルギー充足率　初期と最終期は，他の期間に比べ単品や2品が多く，主食，副菜，主菜の充足率も，エネルギーの充足率も低かった。最終期は，他の支援の充実による炊き出しの縮小と考えられる。しかし，初期の場合は，特に今回のような大災害時の炊き出しにおいては，炊き出しに必要な物資や食材が整った環境下での開始が困難と考えられる結果による。よって，初期の環

境下や，スムーズな食糧供給ができないような場合においても，エネルギーおよび各栄養素をできるだけ充足させるために，補給しやすく，調理する必要がなく，または簡単に調理ができ，さらに長期保存が可能な食材を取り入れた食材や献立を提案する必要がある。

d. 微量栄養素　日本栄養士会によって行われた栄養支援活動報告では，栄養不足を回避するためにビタミン強化米入りご飯の配食やサプリ米の配布を行い，ハイリスク対象者へは経口・経腸栄養剤，ビタミン飲料，サプリメント類を有効的に用いたとある[1, 3)]。災害時の被災状況によっては，今後はこのような保健機能食品の使用も視野に入れた献立を提案していく必要があると考えられる。

2）課題に対する献立提案

以上のような課題に対して，献立提案を行った（表3-13）。

a. 肉類，魚類を主とした献立提案　たんぱく質充足への対応については，たんぱく質食品を積極的に活用し，特に肉類や魚類を主とした献立を提供していく必要がある。

ハンバーグやミートボールなどの既製品は，そのまま提供できるし，野菜などを加えて煮込む，シチューにするなど変化をつけることもできる。

魚の缶詰は，缶の廃棄処分の問題があるが，初期のたんぱく質確保には有効といえる。また魚は，缶と同様に骨の廃棄や，対象者によっては骨があって食べにくいことがあるが，近年は病院や高齢者施設においては，骨を除いたサバやアジなどの切り身を慣用しているので，それらを煮つけや揚げ物に用いることができる。

b. 牛乳・乳製品，果物を用いた献立提供　牛乳は3か月程度常温保存が可能なロングライフ牛乳の活用が有効である。スキムミルクも12か月間保存ができるので，ミルク煮やスープなどに活用できる。また，個包装のチーズも活用しやすい。

フレッシュな果物の提供が難しい場合は，缶詰やドライフルーツ，100％果汁のジュースなどが適している。

表3-13 献立提案

目 的	食材および献立例		調理の簡便性	食材の特性
肉類,魚類を主として用いる	肉 類	豚肉の角煮		
		牛丼		
		鶏のから揚げ		
		煮込みハンバーグ	○	レトルト食品
		ミートボールのシチュー	○	レトルト食品
	魚 類	さんまのかば焼き丼	○	缶詰
		ツナのそぼろ丼	○	缶詰
		いわしの旨煮	○	缶詰
		サケの粕汁	○	缶詰
		サバの味噌煮		骨なし
		アジの南蛮漬け		骨なし
牛乳・乳製品の活用	ロングライフ牛乳	ミルク煮	○	常温保存
	スキムミルク	ミルクスープ	○	常温保存
	カットチーズ		○	個包装
果物を用いる	シロップ漬け		○	缶詰
	ドライフルーツ		○	常温保存
	100%果汁飲料		○	常温保存
栄養補給しやすい	シリアル		○	常温保存
	種実類	アーモンド	○	常温保存
		ごま和え		
		ピーナッツ和え		
		カシューナッツ炒め		
	マヨネーズ,ドレッシング		○	個包装
微量栄養素の補給	ビタミン強化米,サプリ米		○	VB_1B_2, Fe, Ca など
	ビタミン飲料		○	各種ビタミン
	スポーツ飲料		○	ミネラル

c. 栄養補給しやすい食材と献立提案 手軽にエネルギー補給ができる食材として,糖分やドライフルーツが添加してあるシリアルが有効である。シリアルの中には微量栄養素が添加してあるものもある。アーモンドなどの種実類は高エネルギーであるし,ビタミンEが摂取できる。マヨネーズ,ドレッシ

ングなどは個包装のものが便利である。

d. 微量栄養素の補給　ビタミン強化米はビタミン B_1, B_2 のほかに，鉄やカルシウムが添加されているものもある。ビタミン飲料からはビタミンCが，スポーツ飲料からはナトリウムやカリウムなどの電解質が摂取できる。

引用文献
1) 迫和子：特集東日本大震災への対応その1—災害時の栄養問題と管理栄養士・栄養士の必要性．日本栄養士会雑誌，2011；54（7）；471-472.
2) 石上昭人：災害時におけるビタミンCの不足と摂取の必要性．ビタミン，2011；85（8）；400-401.
3) 中村丁次：災害時における栄養・食事管理．ビタミン，2011；85（9）；459-461.
4) 森下敏子，久保加織：阪神大震災後の避難所における支給食の実態および補食の効果—神戸市東灘区の場合．日本調理学会誌，1997；30（4）；353.
5) 坂本薫，澤村弘美：災害に備えた食料備蓄と災害時炊き出し．ビタミン，2011；85（8）；436.
6) 厚生労働省健康局総務課生活習慣病対策室．避難所における食事提供に係る適切な栄養管理の実施について．（事務連絡，2011.4.21）
7) 日本人の食事摂取基準2010．第一出版，2009，pp.61，104.
8) 武見ゆかり，吉池信男ほか：「食事バランスガイド」を活用した栄養教育・食育実践マニュアル．第一出版，2006，p.13.
9) 芦川修貮，服部富子：食事バランスガイドに関する一考察．実践女子短期大学紀要，2008；29；51-52.
10) 国立健康・栄養研究所．避難所における食品構成例．（2011.5.25）
　　http://www0.nih.go.jp/eiken/info/hinan_kousei.html

第4章 仮設住宅居住者の生活実態

1. 石巻市街地の仮設住宅居住者の生活実態
―住民へのアンケート調査からみる居住者の実態

(1) 調査の目的と調査対象の特徴

　日本家政学会では，2012年8月，「石巻市開成・南境地区仮設住宅実態調査」[1)]を石巻専修大学経営学部山崎泰央ゼミナールに協力して実施した。調査の目的は，仮設住宅における現在の生活と将来の移転についての意向を把握し，災害公営住宅への入居方法やコミュニティ形成について考えることであった。2013年から，石巻市では災害公営住宅の募集が始まることになっていた。仮設住宅から災害公営住宅への移転にあたって，仮設住宅のコミュニティの現状を把握するとともに，住民がどのような移転形態を希望しているのか調べ，今後の支援に活用することを意図していた。

　今回の調査は，石巻市開成・南境地区で行った。同地区は東北最大級の仮設住宅の集積地で，21団地，1,882戸に，およそ4,600人が住んでいる。調査では全戸の世帯主を対象として，戸別に調査票を配布して，訪問もしくは回収ポストにて回収した。調査期間は2012年8月2日～17日で，回収できた調査票は385枚，回収率は20.5％であった。

　回答者となった世帯主について，男性が66.3％，女性が33.8％で，6割が60歳以上だった。家族構成についてみると，単身と夫婦といった小規模世帯

が55.8%を占めており，高齢かつ小規模な世帯が多かった．

（2）仮設住宅の住み心地について

仮設住宅での住み心地について，全体的に満足度が低く，「満足」（「とても満足」「やや満足」を合わせたもの）が1割にも満たないことに対して，「不満」

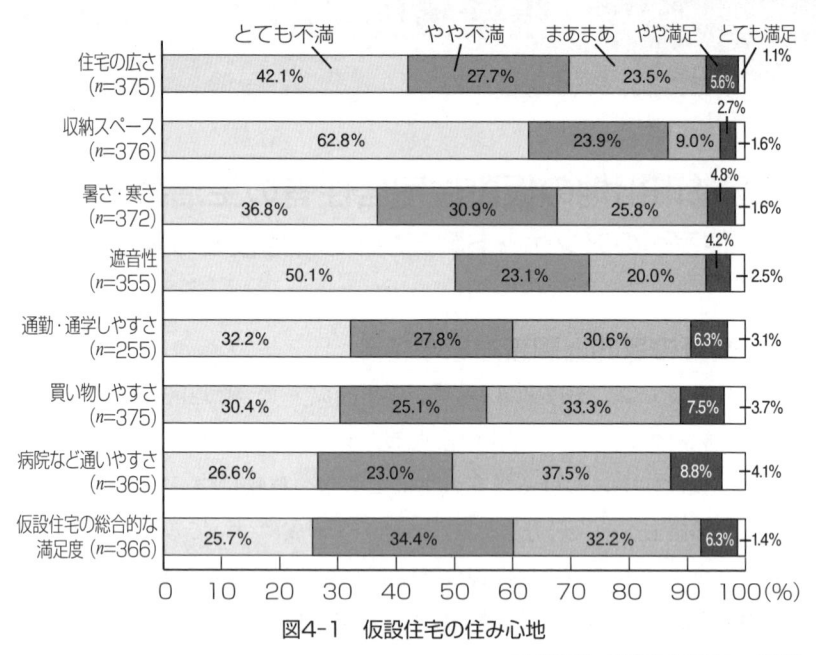

項目	とても不満	やや不満	まあまあ	やや満足	とても満足
住宅の広さ (n=375)	42.1%	27.7%	23.5%	5.6%	1.1%
収納スペース (n=376)	62.8%	23.9%	9.0%	2.7%	1.6%
暑さ・寒さ (n=372)	36.8%	30.9%	25.8%	4.8%	1.6%
遮音性 (n=355)	50.1%	23.1%	20.0%	4.2%	2.5%
通勤・通学しやすさ (n=255)	32.2%	27.8%	30.6%	6.3%	3.1%
買い物しやすさ (n=375)	30.4%	25.1%	33.3%	7.5%	3.7%
病院など通いやすさ (n=365)	26.6%	23.0%	37.5%	8.8%	4.1%
仮設住宅の総合的な満足度 (n=366)	25.7%	34.4%	32.2%	6.3%	1.4%

図4-1　仮設住宅の住み心地

（山崎泰央，西本健太朗ほか，2013）

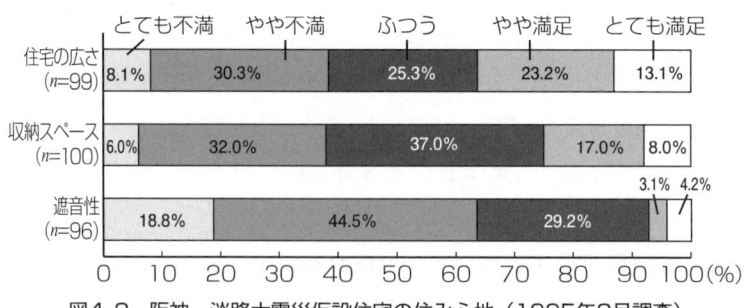

項目	とても不満	やや不満	ふつう	やや満足	とても満足
住宅の広さ (n=99)	8.1%	30.3%	25.3%	23.2%	13.1%
収納スペース (n=100)	6.0%	32.0%	37.0%	17.0%	8.0%
遮音性 (n=96)	18.8%	44.5%	29.2%	3.1%	4.2%

図4-2　阪神・淡路大震災仮設住宅の住み心地（1995年3月調査）

資料／産経新聞大阪本社編集局，大阪市立大学宮野研究室，p.61，2000

(「とても不満」「やや不満」を合わせたもの）が6割となっていた。特に住宅設備面についての満足度が低く，収納スペース（86.7％），遮音性（73.2％），住宅の広さ（69.8％），暑さ・寒さ（67.7％）の順で不満が多かった。

阪神・淡路大震災における同様の調査（図4-2）をみると，住宅の広さや，収納スペースについては40％程度と低く，今回の調査との差が顕著となっている。これは，調査対象の住民の9割近くが，震災前に戸建の住居で生活していたことに要因が求められる。神戸などの都市部のように，集合住宅や文化住宅など小規模な住宅に住んでいた住民とは，住まい方に関する感覚が違うのであろう。

最も満足度の低い「収納スペース」の不足については，住民からの要望に応えて，2012年10月から希望者に対して屋外物置の設置といった対策が行われた。収納が増えれば「住宅の広さ」についての不満も多少の改善があるだろう。また，「暑さ・寒さ」については2011年冬に断熱材の追加工事や風呂の追い炊き機能の追加などの対策が講じられた。さらに，2012年夏にはエアコンの追加設置が行われたため，他の住宅設備面と比べて比較的不満が少なかったといえる。

しかし，2番目に満足度の低い「遮音性」については，まったく対策が施されていない。隣の話し声，いびき，子どもの騒ぐ声やペットの鳴き声に，いらだちの声が多く上がっている。とりわけトイレについては，隣室との隔たりが壁一枚のみで音が丸聞こえになるなど，住民にとってストレスの要因となっている。この問題については阪神・淡路大震災の調査でも満足度が低いことから仮設住宅の仕様の問題といえる。今後の検討課題となろう。

一方，立地環境に関係する項目について，不満は比較的少なかった。「通勤・通学のしやすさ」「買い物のしやすさ」「病院など通いやすさ」について，それぞれ「不満」とするものが60.0％，55.5％，49.6％であり，「収納スペース」や「遮音性」など住宅設備面への不満と比較して低いことが読み取れる。これは，開成・南境地区は比較的市街地に近く，買物については近隣にコンビニエンスストアや商店が開店したこと，大型スーパーの無料往復バスが運行された

ことによって不満が緩和されたものと考えられる。また医療機関についても，石巻市立病院開成仮診療所の設置，地元病院による無料往復バスの運行などが要因としてあげられる。

その他，仮設住宅の問題として湿気や結露，それに伴うカビの発生について，住民から強い苦情が寄せられていた。冬場の結露については断熱材を施工しても，あまり軽減することがなかった。また，夏場は床下からの湿気によって，カビが生じるなど問題となっている。

（3）住民間の交流について

住民同士の付き合いについて，居住の棟にかかわらず，あいさつや立ち話といった程度の付き合いが多かった。しかし，それ以上の関係の割合は少ない。2011年8月に山崎ゼミが同じ地域で行った「石巻市開成・南境地区仮設住宅実態調査報告書」[2]と比較すると，2011年には「ほとんど知らない」が23.6%だったものが，2012年には15.7%（「同じ棟」と「違う棟」の平均）に，同様に「あいさつ程度」が50%から34.1%に減少している。それに対して「立ち話をする」が19.3%（2011年）から26.8%（2012年）に，「自宅や相手の家で話をする」が4.7%から9.1%に増加している。

以上のことから，仮設住宅の入居から2年目となって，近隣住民との交流が深まったことがわかる。しかし，2012年になっても15.7%の住民は，いまだ近所に「親しい人はいない」と答えている。前年度の調査結果と比べて割合が

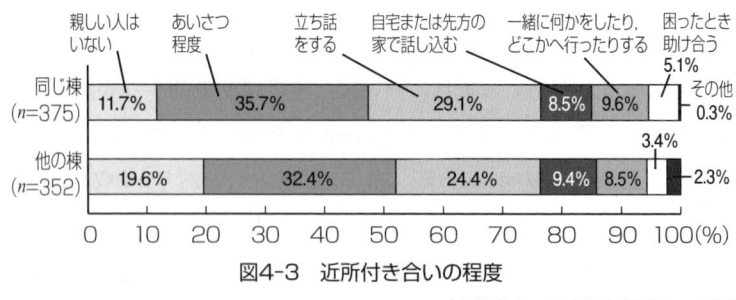

図4-3　近所付き合いの程度

（山崎泰央，西本健太朗ほか，2013）

減少しているものの，今後も住民間の交流を働きかけていく必要がある。

このような，住民交流を促進するために有効な対策として，多くのボランティア団体が実施しているイベントがある。そこでイベントの参加経験について聞いてみると，住民の7割が「参加経験あり」と答えていた（図4-4）。多くの住民はイベントの情報収集や他住民との交流などを積極的に行っているようである。

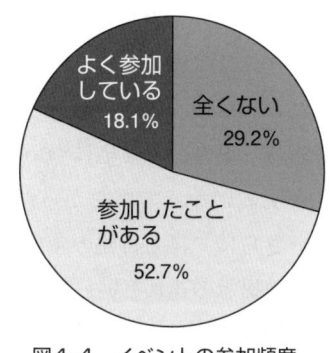

図4-4　イベントの参加頻度
（n=370）

（山崎泰央，西本健太朗ほか，2013）

しかし，このようなイベントに参加経験のない住民が，3割もいることも事実だ。住民同士の付き合いで，15％程度が「親しい人はいない」と答えていることを考慮すると，住民間の交流を促進することは簡単なことではないことがわかる。引き続き取り組みが必要である。

(4) 今後の生活再建について
1) 仮設住宅からの移転時期

仮設住宅からどのような時点で移転するのか目標を聞いてみたところ，「災害公営住宅ができたら」が62.6％と多くを占めていた（図4-5）。「自宅再建後」との答えは4分の1程度で，震災前に持家戸建が7割近くあったことを考えると，低い割合となった。多くの住民が年齢や収入，また土地利用の関係で自力再建をあきらめ，災害公営住宅への入居を希望していることがうかがえる。

さらに，仮設住宅を出る具体的な時期

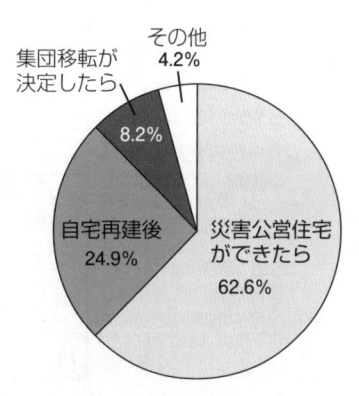

図4-5　仮設住宅を出る目標
（n=371）

（山崎泰央，西本健太朗ほか，2013）

について聞いてみたところ、回答者の5割弱が「1年以上5年未満」と答えていた。これは災害公営住宅の建設や自宅再建の期間を見込んでいるものと考えられる。反面、「見通しが立たない」という回答も39.7%と多かった。この調査当時、災害公営住宅について計画の発表はあったものの、完成や募集の見通しが明確になっていなかった。そのため見通しが立てにくかったと推測される。さらに、自力再建の希望者も、行政による都市計画の策定や具体的な移転方針の提示の遅れといった要因で、見通しを立てられない状態だったといえる。

2) 移転先に求める条件

今後の移転先において重視する条件として、およそ5割の住民が「買い物や通院に便利」な場所と答えており、他の条件に比べて突出して高かった（図4-6）。防災や安全、近所付き合いよりも、利便性を求める傾向がはっきりと出ている。これは仮設住宅が商業地から離れたところに立地しているだけでなく、高齢の単身および夫婦世帯が半数以上を占めることから、買い物・通院に対する便宜を求めていると考えられる。

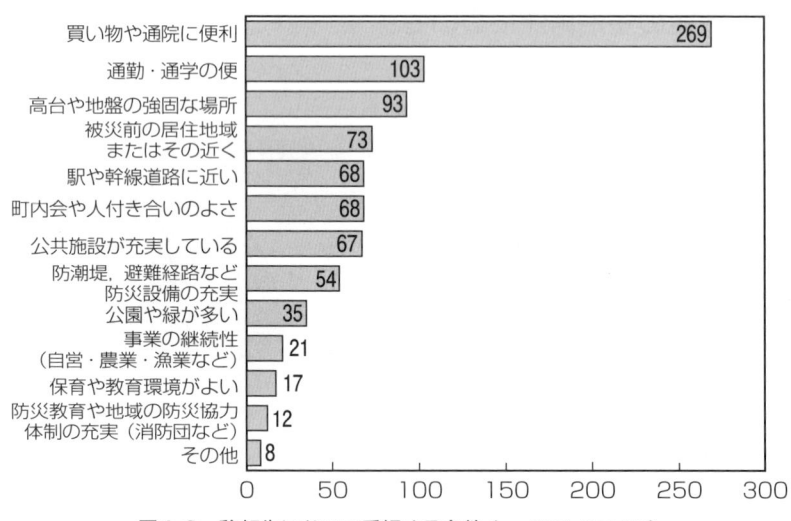

条件	回答数
買い物や通院に便利	269
通勤・通学の便	103
高台や地盤の強固な場所	93
被災前の居住地域またはその近く	73
駅や幹線道路に近い	68
町内会や人付き合いのよさ	68
公共施設が充実している	67
防潮堤、避難経路など防災設備の充実	54
公園や緑が多い	35
事業の継続性（自営・農業・漁業など）	21
保育や教育環境がよい	17
防災教育や地域の防災協力体制の充実（消防団など）	12
その他	8

図4-6　移転先において重視する条件（*n*=365、3つまで）

（山崎泰央、西本健太朗ほか、2013）

さらに,「蛇田地区」における災害公営住宅を整備計画も影響している。同地区は,三陸自動車道石巻河北インターチェンジからも近く,ナショナル・チェーンの大型店が建ち並ぶ商業地に隣接している。多くの住民は,この地区への移転を希望していたため,「買い物や通院に便利」に対する回答が多くなったともいえる。

3）災害公営住宅への移転とコミュニティ

災害公営住宅へ誰と一緒に移転したいかを聞いてみた（図4-7）。元の地域や仮設住宅の仲間といった,既存のコミュニティを維持する形で移転を希望すると想定していたが,意外な結果となった。回答した住民の5割以上が「特にこだわらない」と回答していたのである。当初想定していた,「震災前の旧町内の人」との移転を望むのは3分の1程度,「仮設住宅で知り合った人と」に至っては1割にも満たなかった。

住民たちは長引く仮設住宅生活によって,住民から住環境への不満や経済的な逼迫,精神面の疲弊など,さまざまな課題を抱えている。なかでも,生活の基盤となる住居が定まらないことは,住民にとって大きなストレスとなっている。つまり,仮設住宅の住民は,コミュニティの維持よりも,早期移転を望んでいたのだった。

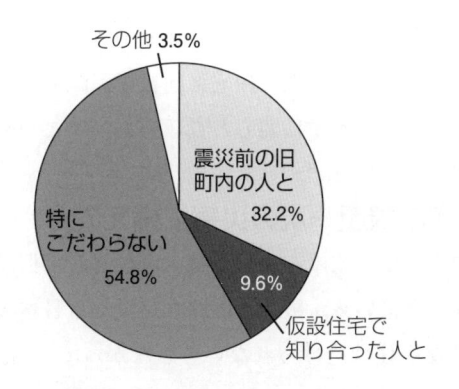

図4-7 希望する災害公営住宅への移転形態 (*n*=345)

（山崎泰央,西本健太朗ほか,2013）

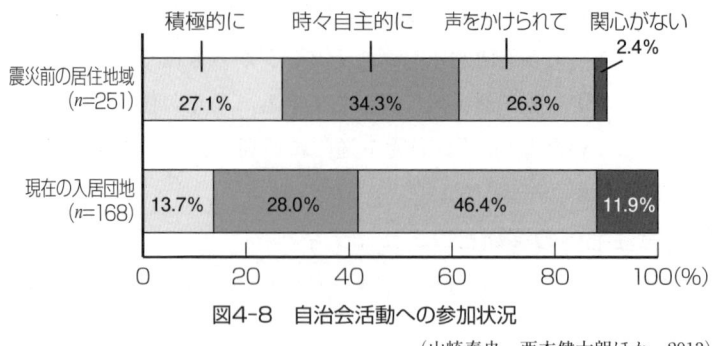

図4-8 自治会活動への参加状況

震災前の居住地域 (n=251): 積極的に 27.1%　時々自主的に 34.3%　声をかけられて 26.3%　関心がない 2.4%

現在の入居団地 (n=168): 13.7%　28.0%　46.4%　11.9%

（山崎泰央，西本健太朗ほか，2013）

さらに，災害公営住宅の入居は「抽選」で決まるという事実が，コミュニティよりも早期移転という考えを助長しているようだ。避難所から仮設住宅に移転する際に，何度となく抽選もれを経験した住民は少なくない。災害公営住宅の抽選においても，「いつまでたっても住居が決まらないのでは」という不安を抱いても仕方がない。このような事情を考えると「特にこだわらない」との声は，住民の不安の表れともいえる。

しかし，移転先が今後の生活拠点となることから，コミュニティ面の課題解決を無視できないことは明らかである。このままでは，避難所や仮設住宅と同様に，知らない人と隣り合って住むことになりかねない。それを反映してか，仮設住宅の自治会活動への参加意欲も震災前よりも低い（図4-8）。「終の住み処」となる災害公営住宅でも，仮設住宅と同様な意識では問題となることだろう。住民が新しいコミュニティに関心と責任をもつことが必要である。

(5) 仮設住宅の課題―次の災害に備えて

過去の災害においては，家屋を失った被災者に対して仮設住宅が提供されてきた。一時的な住居とはいえ，阪神・淡路大震災や東日本大震災といった大災害の場合，長期的な居住は避けられない。したがって，居住者の「生活の質」の向上も考慮されるべきである。今回の調査から浮き彫りとなった問題を指摘しておきたい。

第1に，仮設住宅の仕様の問題がある。遮音性，断熱性，結露などは，過去の災害時に建設された仮設住宅でも生じた問題である。過去の大災害に学ぶことなく，仕様変更もほとんど行われず，しかも地域の気候や実情を考慮しない仮設住宅が建設され続けている。結局，東日本大震災では，多くの入居者からの苦情を受けて，追加工事や諸設備の設置など，事後的な対応に追われることとなった。事前に解決すべき問題を放置した結果といえよう。今回の教訓を生かしつつ，今後は平時であっても仮設住宅の仕様のアップデートを進めることを強く求めたい。

　第2に，コミュニティ形成の問題があげられる。仮設住宅には，さまざまな地区から入居者が集まってきたため，住民はコミュニケーションに苦労していた。調査結果をみると，仮設で新しい友人・知人ができず，イベントに参加したことのない住民が3〜4割もいることが確認されている。おそらく「仮の住まい」ということもあって，積極的なコミュニケーションに踏み出すことを躊躇しているのであろう。

　このようなコミュニティに関する問題の解決には，ボランティア団体の寄与が大きかった。行政はコミュニティ形成に，ほとんど関与していないにもかかわらず，支援団体に必要な情報を開示しないという，いびつな対応も目立った。見ず知らずの人と隣り合って暮らすことがわかっていたのだから，入居の時点で行政主導による住民の集いなど考えてもよかったのではないか。実際に，住民からそのような声も上がっていた。住民主導とはいっても，きっかけづくりは誰かがしなくてはならない。今後はコミュニティ形成というソフト面の対応も整備してもらいたい。

　第3は，ほとんどの回答者が復興を実感できていないことである。調査では仮設住宅の多くの住民が，災害公営住宅の完成を待っていることがわかった。しかし，2012年12月21日の石巻市震災復興部の資料によれば，4,000戸の整備計画のうち，具体的な建築計画が明らかになっているものは4分の1に過ぎない。住民の4割近くが，仮設住宅を出て行く時期に見通しが立たないと答えていた要因はここにある。このように恒久的な住宅確保のめどが，はっきりし

ないことから，9割以上の住民が自身の生活や地域について「復興していない」と感じる結果となっている。災害公営住宅入居への見通しを立てることが，復興を実感するための近道であると考えられる。

　以上のことから，仮設から恒久的な災害公営住宅への移転を進める際に，コミュニティの維持・形成を重視した対策をとるべきといえる。災害公営住宅の「整備」といってしまうと，ハード面のハコモノ建築に偏ってしまう。しかし，そこに住むのは人間であり，人と人のつながりや温もりがないことには，コンクリートの箱に過ぎない。人間らしい生活を送るためには，ハードの整備以上に，ソフト面のコミュニティの再生や維持の方法を考えておく必要がある。ハードとソフトが揃って，初めて災害公営住宅が恒久的な生活の場となるといえる。

　そのためには，仮設住宅入居時に行ったような，コミュニティを無視した抽選を行うべきではない。これは，仮設の住民の4割が，旧町内もしくは仮設住宅の「ご近所さん」とまとまって移転を望んでいる事実からも裏づけられる。災害公営住宅への移転では，仮設住宅のように住民に対してゼロからのコミュニティづくりという負担を強いてはならない。行政は住民コミュニティの維持・形成を意識しながら，移転できる方策に知恵を絞るべきである。

引用文献
1) 山崎泰央，西本健太朗，松村瞳，山崎泰央ゼミナール：石巻開成・南境地区仮設住宅における東日本大震災後の生活と復興に関する調査，石巻専修大学経営学研究，2013；24.
2) 山崎泰央，山崎泰央ゼミナール：石巻市開成・南境地区仮設住宅実態調査報告書，石巻専修大学経営学研究，2012；23（2）；113-129

参考文献
・産経新聞大阪本社編集局，大阪市立大学宮野研究室：阪神大震災　はや5年まだ5年　被災者たちの復旧・復興，学芸出版社，2000.

2. 石巻市郡部地域に居住する被災者の生活状況に関する調査

（1）郡部地域における被災者の生活

　2011年3月に発生した東日本大震災後，宮城県石巻市の沿岸部に居住していた住民は，震災から2年が経過しても仮設住宅で生活している。国が定める居住年限を超えても仮設住宅に居住している背景には，復興住宅を建設するための用地取得や建設の遅れ，建築資材の高騰といった諸要因が関係している。本稿執筆時（2013年7月時点），石巻市内には6,982戸の仮設住宅に15,602人が生活している[1]。石巻市は，市部地域と郡部地域では，生活環境が著しく異なる。また，郡部地域においても雄勝，牡鹿，北上地区といった沿岸部と河北，桃生，河南地区といった内陸部では産業構造や人口動態が異なる。表4-1[2]は，震災前の石巻市における地区別／年齢別の住民人数を表したものである。同表が示すとおり，沿岸部の雄勝地区および牡鹿地区は，2010年の時点で高齢化率が40％を超えていた。

　2013年7月現在，雄勝地区に居住していた被災者は，内陸部の河北地区に設置された仮設住宅で生活している。また，牡鹿地区に居住していた被災者については，牡鹿地区の高台地域および牡鹿半島の入り口となる渡波地区で生活している。2005年4月の旧石巻市と旧桃生郡6町との広域合併前，石巻圏域にはJR石巻駅前や市内中心部のバスターミナルから郡部地域へ運行する民営の路線バスが多系統にわたり運行されていた。しかし，広域合併後はモータリゼーションの進展による利用客数の減少や高齢化，人口減少を背景に，郡部地域にアクセスする路線バスの系統数や便数は減少している。路線バスの代替手段として，石巻市は住民コミュニティバスを運行しているが，運行本数は少なく，利便性が高いとはいえない[3]。

　本節では，石巻市郡部地域に立地する仮設住宅に居住する被災者および在宅被災者の生活状況を把握するために実施した調査の概要と結果を提示するとと

表4-1　石巻市地区別年齢3区分比率（平成22年）

区　分	石巻市全体	石巻地区 (旧石巻市)	河北地区 (旧河北町)	雄勝地区 (旧雄勝町)
年　少	12.6%	13.2%	11.5%	7.4%
生産年齢	59.9%	61.1%	57.5%	50.8%
老　年	27.2%	25.2%	31.0%	41.9%

区　分	河南地区 (旧河南町)	桃生地区 (旧桃生町)	北上地区 (旧北上町)	牡鹿地区 (旧牡鹿町)
年　少	12.2%	12.0%	12.1%	7.2%
生産年齢	58.8%	57.9%	56.9%	52.0%
老　年	29.0%	30.1%	31.0%	40.7%

資料／石巻市統計書 2010

もに，郡部の被災地域に対する支援のあり方について述べていく。

（2）仮設住宅居住者に対する調査

　東日本大震災後，石巻市で被災した住民は，市内各地に設営された避難所で生活を送っていたが，自宅が被災し，復旧できない住民は，仮設住宅に居を移した。石巻市の場合，旧市内と郡部地域では仮設住宅への入居方法が異なる。旧市部地域は，高齢者や身体が不自由な人を優先的に仮設住宅へ入居させ，それ以外の市民は抽選（くじ引き）によって入居する仮設住宅が決まった。一方，河北，北上，雄勝といった郡部地域は，総合支所（合併までの旧町役場）がコミュニティ単位による仮設住宅への入居を進めた。このため，郡部地域は，震災前に居住していた地域の近隣住民が同じ仮設住宅団地に居住しているといった環境が構築された。

　しかしながら，郡部地域に開設された仮設住宅は，買い物や通院といった生活面に関する利便性が旧市部に開設された仮設住宅よりも劣る。筆者らは，このような状況に鑑み，郡部地域に居住する仮設住宅居住者の生活状況を調査するためにアンケート調査を実施することにした。

1）調査概要

　調査は，牡鹿半島に居住していた被災者が入居している旧市部に位置する渡波・稲井地区の仮設住宅と河北地区沿岸部・雄勝地区・北上地区に居住してい

2. 石巻市郡部地域に居住する被災者の生活状況に関する調査

た被災者が入居している河北地区内陸部の仮設住宅に居住している住民に対して実施した。調査期間は，2011年11月4日〜20日である。調査方法は，調査票を配布・回収する留置法である。調査は，筆者ら（李・石原）に加え，石巻市に居住するボランティア有志，河北地区飯野川商店街の商店主らが参画するまちづくり研究会（河北まちづくり研究会「なつかしの町・飯野川」）のメンバー，石巻専修大学経営学部李ゼミ・石原ゼミに所属する学生の協力を得て実施した。

調査対象となる仮設住宅と回収結果は，表4-2のとおりである。なお，調査対象地域の選定作業に際しては，団地の規模（戸数）と建設時期（入居時期）を考慮し，次の基準を策定した。

・仮設住宅（a）〜（e）＝建設戸数が100以上かつ入居率が90％以上
・仮設住宅（f）〜（k）＝建設戸数が20以上かつ入居率が60％を超える

調査票の構成（設問）は，①〜⑦のとおりである。なお，本稿では紙幅の関係により設問ごとの集計結果は提示していない。次条2）以降では，集計結果

表4-2 調査対象地域

仮設団地名	計	構成比（％）
（a）仮設河北三反走団地（石巻市小船越字後223-2）	59	16.1
（b）仮設万石浦団地（石巻市流留字中1-1）	59	16.1
（c）仮設追波川多目的団地（石巻市小船越字山畑無番地）	54	14.8
（d）仮設飯野川校団地（石巻市相野谷字五味前上40）	43	11.8
（e）仮設追波川河川団地（石巻市小船越字川前無番地）	40	10.9
（f）仮設渡波第2団地（石巻市渡波字沖六勺1-2）	33	9.0
（g）仮設渡波第1団地（石巻市渡波字沖六勺1-4）	31	8.5
（h）仮設鮎川小学校団地（石巻市鮎川浜清崎山1-1）	21	5.7
（i）仮設鬼形山団地（石巻市鮎川浜鬼形山518）	11	3.0
（j）仮設大瓜団地（石巻市大瓜字鷲の巣45-1）	8	2.2
（k）仮設大原団地（石巻市大原浜一の峠18-7）	7	1.9
合　　計	366	100.0

をもとに分析した結果について述べていく。

① 調査属性
　　ⅰ性別　ⅱ年代　ⅲ家族構成　ⅳ日中の生活形態
② 仮設住宅の生活（特にコミュニティ）に関する設問
　　ⅰ震災前の居住地　ⅱ仮設住宅における知人・親類の有無　ⅲ隣人同士の扶助の有無
　　ⅳ仮設住宅の利便性
③ 経済状況に関する設問
　　ⅰ職業　ⅱ月収の水準　ⅲ貯蓄の有無
④ 健康状態に関する設問
　　ⅰ現在の健康状態　ⅱ持病の有無　ⅲ震災後の状態　ⅳ介護の有無
⑤ 購買活動に関する設問
　　ⅰ買物頻度　ⅱ利用する買物施設　ⅲ買物時間帯　ⅳ買物しづらい商品
　　ⅴ買物環境の改善点
⑥ 不安・不満に関する設問
⑦ 交通手段に関する設問
　　ⅰ買物・通院などで利用する交通手段　ⅱバスを利用する主な理由・頻度
　　ⅲ買物・通院などの際に困っていること

2）生活状況に関する調査結果

表4-3は，調査対象者の性別と年代をまとめた集計表である。調査対象者の性別は，男性が129人，女性が220人である（欠損値17）。また，年代別で見た人数は，「61～70歳」が91人（26.1%）と最も多く，以下「51～60歳」が87人（24.9%），「71～80歳」が70人（20.1%）と続く。

表4-3　性別と年代（クロス表）

		年代							合計
		20歳以下	21～30歳	31～40歳	41～50歳	51～60歳	61～70歳	71～80歳	81歳以上	
性別	男性	1	3	4	15	34	36	26	10	129
	女性	2	4	17	32	53	55	44	13	220
合計		3	7	21	47	87	91	70	23	349

※未記入による欠損値が17であるため，有効回答数は349（95.4%）である。

2. 石巻市郡部地域に居住する被災者の生活状況に関する調査　145

表4-4　家族構成と日中の生活形態（クロス表）

		日中は主にひとりでの生活		合　計
		いいえ	はい	
家族構成	ひとり暮らし	15	53	68
	夫婦	81	30	111
	子供達との同居	80	54	134
	親戚との同居	2	4	6
	その他（隣人との同居）	7	1	8
合　計		185	142	327

※未記入による欠損値が39であるため，有効回答数は327（89.3％）である．

　表4-4は，家族構成と日中の生活形態の状況をまとめた集計表である．家族構成は「子どもたちとの同居」の世帯が134人（41.0％）と最も多く，以下「夫婦」111人（33.9％）で，「ひとり暮らし」68人（20.8％）と続いている．また，日中の生活形態については，142人（43.4％）が「日中はひとりで過ごしている」と回答した．

　図4-9は，仮設住宅における知人や親類の人数および扶助の状況について表したグラフである．現在生活している仮設住宅において震災以前から交流をもつ知人や親類の人数を尋ねた設問（②-ii）では，「1～10人」と回答した人が187人（68.8％）と最も多く，以下「11～20人」が33人（12.1％），「41人以上」が29人（10.7％），「21～30人」が20人（7.4％）と続く結果となった．この

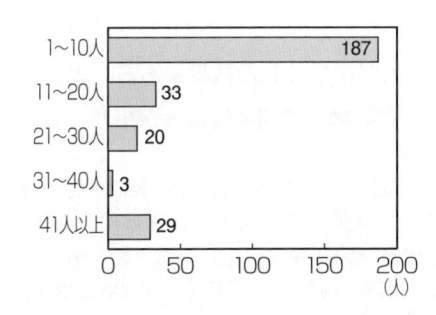

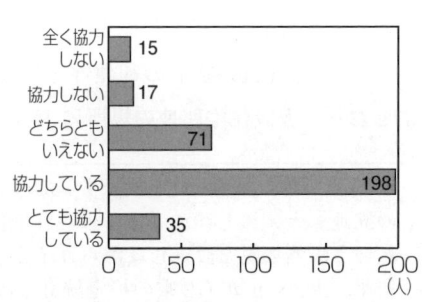

1～10人	187
11～20人	33
21～30人	20
31～40人	3
41人以上	29

全く協力しない	15
協力しない	17
どちらともいえない	71
協力している	198
とても協力している	35

「仮設住宅における知人や親類の人数」は，未記入による欠損値が94あるため，有効回答数は272（74.3％）である．「扶助の状況」については未記入による欠損値が30であるため，有効回答数は336（91.8％）である．

図4-9　仮設住宅における知人や親類の人数（左）と扶助の状況（右）

ような結果は，仮設住宅への入居に際し，コミュニティ単位で入居を進めたことが影響していると考えられる。

また，扶助の状況については，有効回答数の69.3％に当たる233人が「協力している（198人）」，「とても協力している（35人）」と回答しており，「仮設鮎川小学校団地」では，住民の95％が「協力し合っている」ことがわかった。さらに，9か所の仮設住宅団地において，過半数の超える割合で相互扶助の関係が醸成されていることがわかった。しかし，「仮設大原団地」(k)については，「協力している」と回答した回答者は，7人のうちわずか1人のみであった。この原因について調査票をもとに精査してみると，旧市部に位置する「渡波地区（5人）」と「湊地区（1人）」の被災者が，牡鹿地域に立地する仮設住宅への入居を強いられたことが関係していると考えられる。

3) 生活の利便性に関する調査結果

仮設住宅における生活の利便性を把握するため，日常生活において欠かすことができない「買い物」「通学・通勤」「通院」「文化・趣味活動」「知人・友人との交流」といった生活行動について調査した。

調査結果は，表4-5のとおりである。「買い物」と「通学・通勤」が「便利」と回答した人は，それぞれ有効回答数の39.5％，34.3％に当たる128人，73人であり，「とても便利」と回答した人を合わせると，それぞれ154人（47.5％），87人（40.9％）と4割を上回った*。しかし，「通院」「文化・趣味活動」「知人・友人との交流」については，「どちらともいえない」という回答が多くみられた。

表4-6は，「買い物」の利便性を仮設住宅別に集計した結果である。表が示すとおり，仮設住宅団地の場所によって「買い物」の利便性に差が生じてい

＊：「買い物」の利便性を検証するために，「通学・通勤」の結果を「仮設住宅団地の立地」と定義しつつ「H_0：仮設住宅団地の立地と買い物の利便性は関係ない」という帰無仮説を設定しながらカイ2乗検定（独立性の検定）を試みた。分析の結果，Pearsonカイ2乗の検定統計量は90.178，両側の有意確率は0.000となり，有意水準を$a = 0.05$（5％）とすると，有意確率（0.000）は$a < 0.05$となるため，帰無仮説（H_0）が棄却される。つまり，2つの変数（仮設住宅団地の立地と買い物の利便性）間には関連性が認められた。

2. 石巻市郡部地域に居住する被災者の生活状況に関する調査

表4-5 生活の利便性

	買い物		通学・通勤		通院		文化・趣味活動		知人・友人との交流	
	度数	構成比(%)	度数	構成比(%)	度数	構成比(%)	度数	構成比(%)	度数	構成比(%)
とても不便	26	8.0	26	12.2	32	10.7	22	8.7	36	12.2
不便	49	15.1	32	15.0	69	23.0	54	21.3	47	16.0
どちらともいえない	95	29.3	68	31.9	99	33.0	129	51.0	121	41.2
便利	128	39.5	73	34.3	88	29.3	41	16.2	78	26.5
とても便利	26	8.0	14	6.6	12	4.0	7	2.8	12	4.1
合計	324	100.0	213	100.0	300	100.0	253	100.0	294	100.0

・買い物：未記入による欠損値が42であるため，有効回答数は324（88.5%）である。
・通学・通勤：未記入による欠損値が153であるため，有効回答数は213（58.2%）である。
・通院：未記入による欠損値が66であるため，有効回答数は300（82.0%）である。
・文化・趣味活動：未記入による欠損値が113であるため，有効回答数は253（69.1%）である。
・知人・友人との交流：未記入による欠損値が72であるため，有効回答数は294（80.3%）である。

表4-6 仮設住宅団地と買い物利便性（クロス表）

仮設住宅団地名	買い物の利便性						合計
	とても不便	不便	どちらともいえない	便利	とても便利	便利+とても便利	
仮設渡波第1団地	1	1	6	19	2	21(72.4%)	29
仮設追波川河川団地	1	2	9	22	3	25(67.6%)	37
仮設渡波第2団地	4	0	4	10	3	13(61.9%)	21
仮設万石浦団地	2	9	14	23	5	28(52.8%)	53
仮設追波川多目的団地	3	7	16	16	7	23(46.9%)	49
仮設飯野川校団地	5	6	11	15	4	19(46.3%)	41
仮設河北三反走団地	3	9	16	21	2	23(45.1%)	51
仮設大瓜団地	0	0	6	1	0	1(14.3%)	7
仮設鮎川小学校団地	2	9	7	1	0	1(5.3%)	19
仮設大原団地	2	3	1	0	0	0(0.0%)	6
仮設鬼形山団地	3	3	5	0	0	0(0.0%)	11
合計	26	49	95	128	26	154(47.5%)	324

ことがわかる。「便利」と「とても便利」という回答を合わせた構成比をみると，利便性が高い仮設住宅は，仮設渡波第1団地が72.4％と最も高く，以下仮設追波川河川団地が67.6％，仮設渡波第2団地が61.9％，仮設万石浦団地が52.8％という順になった。これら上位4位までの仮設住宅団地の周辺地域には，半径2km以内に総合スーパー（GMS）や道の駅などの商業施設やコンビニエンスストアなどが立地している。

　震災前の居住地と現在生活している仮設住宅団地を対比してみると，雄勝地区から仮設追波川多目的団地に転居した住民の多くは，「震災前に居住していた地域より利便性が高まった」という状況を観察することができる。さらに，河北沿岸地区から仮設追波川河川団地に入居した住民の多くは，「震災前と利便性は変わらないが，現在の利便性はよい」という状況を観察することができる。

　その一方で，河北地区沿岸地区から仮設三反走団地に移住した住民については「震災前より多少不便な地域へ移住したが，利便性はよい」という状況を観察することができる。また，牡鹿半島地区から仮設万石浦団地と仮設渡波第1団地に移住した住民については「不便な地域から利便性が高い地域へ移住したが，利便性が高まったとは思わない」という状況を観察することができる。

　しかし，湊・渡波地区から仮設大原団地と仮設万石浦団地に移住した被災者については「不便な地域へ移住し，利便性も低い」という状況を観察することができる。牡鹿半島に位置する仮設大瓜団地，仮設鮎川小学校団地，仮設大原団地，仮設鬼形山団地は商業施設までの距離があり，半径2km以内の地域にコンビニエンスストアも存在しないため，多くの居住者が「買い物」に苦慮していると思われる。

　このように，仮設住宅団地の立地状況によって，利便性の差異がみられるが震災前から過疎が進んでいた雄勝地区，河北沿岸地区，牡鹿半島から移住した住民にとっては，かつての居住地と比べて商業施設が近くなったため，購買活動における利便性は格段に高まった。また，コミュニティ単位で仮設住宅に入居した住民は，仮設団地内に相互扶助の関係が構築されているため，購買活動

に困窮している様子はみられなかった。1995年の阪神・淡路大震災後にも議論されていたが、震災時における仮設住宅の入居方法については、生活行動のことを考慮するとくじ引きといった抽選方式ではなく、コミュニティ単位で入居を進めていく方法が適切である。

なお、本調査で訪問した仮設住宅団地の住民が要望している生活面における改善事項は、「仮設住宅の近くに店を誘致する」ことが最も多く、次いで「公共交通機関の充実」をあげている。

（3）在宅被災者に対する調査

石巻市は、「災害に強いまちづくり、産業・経済の再生、絆と協働の共鳴社会づくり」を基本理念とした復興基本計画を策定し、早期の復旧・復興を果たすべく諸事業に着手した。しかし、旧市部地域と郡部地域では事業の取り組みや進捗状況に温度差がみられる。

壊滅的な被害を受けた郡部の沿岸地域は、人口の流出が深刻な問題になっている。雄勝地区の場合、震災前に4,300人だった住民は1,300人まで減少し、高齢化率も急激に上昇している。住民基本台帳をもとに推定した65歳以上の人口比率は、すでに40％を超えており、今や限界集落となりつつある地域もみられる[4]。雄勝地区における人口の減少は、被災した住民が河北地区をはじめとする内陸部の仮設住宅に移住したことや職を求めて居住地を離れたことが関係している。

震災から1年が経過した2012年、筆者らは雄勝地区の医療活動に携わっている河北地区の関係者から「雄勝地区の半島部に居住している在宅被災者は不自由な生活が強いられている」との報告を受けた。前項（2）で述べてきたように、仮設住宅で生活している（雄勝地区を含む）郡部地域の被災者は、元の居住地よりも生活面における利便性が高まっていることがわかった。しかし、仮設住宅に移住しなかった雄勝地区半島部の在宅被災者は、地区中心部の商店や病院が被災したため、生活の利便性が低下していることが考えられる。

2012年11月、筆者らは雄勝地区の半島部に居住する在宅被災者を対象に、

買い物や通院といった日常生活に関する調査活動を行うことにした。本項では，雄勝地区の半島部に居住する在宅被災者に対して実施したアンケート調査の概要と結果について述べる。なお，ここでは，さまざまな理由で仮設住宅に入居せず，被災した地域にとどまって自宅や親類，友人，知人宅で生活している人たちを「在宅被災者」と表記している。

1）調査概要

調査は，2012年11月〜12月にかけて，石巻専修大学経営学部石原ゼミに所属する学生の協力を得て実施した。調査対象者は，雄勝地区の半島部9地区に居住する在宅被災者である。調査方法は，調査票を配布し，数日後に回収する留置法を適用した。回収結果は図4-10のとおりである。本調査の母数は，大須(おおす)地区62（51.2%），桑浜(くわはま)地区18（14.9%），船越(ふなこし)地区17（14.1%），熊沢(くまざわ)地区14（11.6%），水浜(みずはま)地区8（6.6%），分浜波板(わけはまなみいた)地区2（1.7%）の計121である。

調査の構成（設問）は，①〜⑤のとおりである。なお，前項と同様に，ここでは紙幅の関係により各設問の集計結果は提示していない。次条2）以降では，集計結果をもとに分析した内容について述べていく。

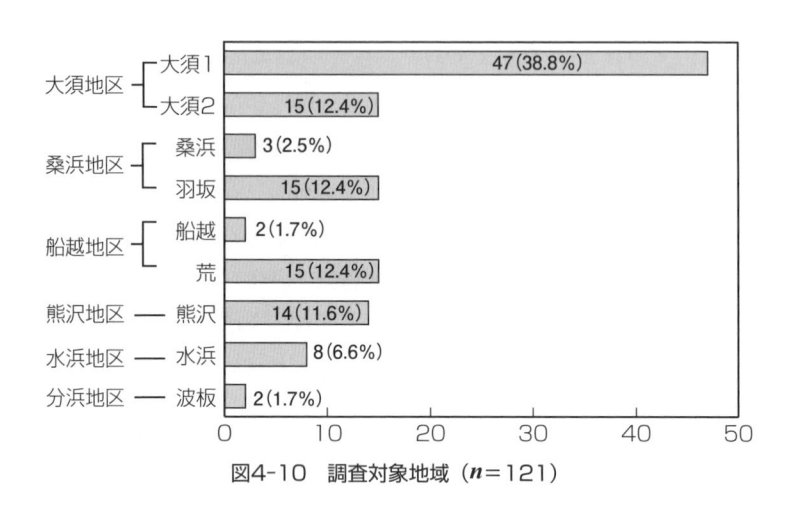

図4-10　調査対象地域（n=121）

- 大須地区
  - 大須1：47（38.8%）
  - 大須2：15（12.4%）
- 桑浜地区
  - 桑浜：3（2.5%）
  - 羽坂：15（12.4%）
- 船越地区
  - 船越：2（1.7%）
  - 荒：15（12.4%）
- 熊沢地区
  - 熊沢：14（11.6%）
- 水浜地区
  - 水浜：8（6.6%）
- 分浜地区
  - 波板：2（1.7%）

2. 石巻市郡部地域に居住する被災者の生活状況に関する調査

①基本設問
　　ⅰ性別　ⅱ年代　ⅲ現在の健康状態　ⅳ家族構成　ⅴ現在の職業
②現在の生活に関する設問
　　ⅰ日中の生活形態　ⅱ隣人同士の扶助関係
　　ⅲ生活の利便性（買い物，通学・通勤，通院，文化・趣味活動，知人・友人
　　　との交流）
③普段の買い物状況に関する設問
　　ⅰ買物頻度　ⅱ買物に出かける際の交通手段　ⅲ主に利用する商業施設
　　ⅳ買物時間帯　ⅴ買物しづらい商品　ⅵ買物環境の改善点
④経済状況に関する設問
　　ⅰ職業　ⅱ月収の水準　ⅲ貯蓄の有無
⑤現在の不安・不満に関する設問

2）生活状況に関する調査結果

　回答者の性別は，男性41人（37.6%），女性68人（62.4%）である。年代別では，「71～80歳」が39人（35.8%）と最も多く，51歳以上の中高齢者が占める割合は87.2%となった（表4-7）。

　回答者の家族構成は，「夫婦（48人：42.9%）」が最も多く，以下「子どもたちとの同居（43人：38.4%）」「ひとり暮らし（17人：15.2%）」と続く。家族構成と年代のクロス集計（表4-8）をみると，「夫婦」または「ひとり暮らし」の住民が多く，ひとり暮らしの人の多くは家族と離れて生活する高齢者である。

　隣人との扶助関係については，「協力している（69人：62.7%）」という回答が最も多く，「とても協力している（21人：19.1%）」を合わせると有効回答数（110）の81.8%を占める（②-ⅲ）。この結果から，調査の対象地域は住民同士

表4-7　性別と年代（クロス表）

	年　　代						合　計
	31～40歳	41～50歳	51～60歳	61～70歳	71～80歳	81歳以上	
男　性	1	2	6	11	17	4	41
女　性	2	9	17	14	22	4	68
合　計	3	11	23	25	39	8	109

※未記入による欠損値が12であるため，有効回答数は109（90.1%）である。

表4-8 家族構成と年代（クロス表）

		年代							合計
		20歳以下	31～40歳	41～50歳	51～60歳	61～70歳	71～80歳	81歳以上	
家族構成	ひとり暮らし	1	0	0	1	5	8	2	17
	夫婦	0	1	0	11	13	21	2	48
	子供達との同居	0	2	10	8	7	11	5	43
	親戚との同居	0	0	0	1	0	0	0	1
	その他（隣人との同居）	0	0	1	1	1	0	0	3
合計		1	3	11	22	26	40	9	112

※未記入による欠損値が9であるため，有効回答数は112（92.6%）である。

が相互に協力し合う生活環境が維持されていることがうかがえる。

　健康状態については，有効回答数（112）のうち，49人（43.8%）が「よい」と回答した。しかし，「悪い」と回答した在宅被災者も16人（14.3%）存在し，「どちらともいえない」（よいとも悪いともいえない）と回答した47人（42.0%）を合わせると，63人（56.3%）が健康面で何らかの不安を抱いていることになる（表4-9）。

　また，「震災後，健康状態が変化した」と回答した40人のうち，「現在の健康状態」が「どちらともいえない」（よいとも悪いともいえない）と回答した17人（42.5%）と「悪い」と回答した13人（32.5%）を合わせると，全回答者の4分の3に当たる30人（75.0%）が，健康面で不安を抱いていることになる。今回の震災では，仕事に加え，家族・親戚，友人を失った人が多い。将来の生活に対する不安から精神的なストレスを感じている人も多い*。

＊：この結果をふまえて，「現在の健康状態」と「震災後の健康状態の変化」の結果を関連づけ，「H_0：今の健康状態と震災後の健康状態は変化がない」と帰無仮説を設定し，カイ2乗検定（独立性の検定）を試みた。分析の結果，Pearsonカイ2乗の検定統計量は33.392，両側の有意確率は0.000となり，有意水準を$a=0.05$（5%）とすると，有意確率（0.000）は$a<0.05$となるため，帰無仮説（H_0）は棄却される。つまり，2つの変数（「今の健康状態」と「震災後の健康状態の変化」）間には関連性が認められる。

表4-9 今の健康状態と震災後,健康状態の変化（クロス表）

		震災後の健康状態の変化			合 計
		いいえ	どちらともいえない	はい	
今の健康状態	悪い	1	2	13	16
	どちらともいいえない	5	25	17	47
	よい	23	16	10	49
合 計		29	43	40	112

※未記入による欠損値が9あったため,有効回答数は112（92.6%）である。

　震災後,仮設住宅の居住者に対しては,行政やサポートを担っているボランティア団体が多様な支援を講じてきた。しかし,郡部地域の在宅被災者に対しては,一部の地域で支援活動が行われているものの,継続的なサポートはなされていない。被災地に対する支援のあり方については,地域を俯瞰しつつ,地域の状況に応じたサポート策を多角的に検討していくべきである。

3） 生活の利便性に関する調査結果

　調査対象地域である雄勝地区の半島部は,雄勝地区の中心部まで20〜25km程度離れている。震災以前,半島部に居住する住民は,雄勝地区中心部の商店で生活物資を購入していた。しかし,雄勝地区中心部に集積していた商店の多くは,津波によって被災した。このため,現在は道のりで40〜50km程度離れた石巻市内の店舗まで出向いて購入している。通院についても,震災後,雄勝地区に診療所が開設されたが,専門医による診察を受けるためには,石巻市内の病院まで出向くことになる。

　調査では,半島部に居住する在宅被災者の生活面における利便性を明らかにするため,「買い物」「通学・通勤」「通院」「文化・趣味活動」「知人・友人との交流」といった生活行動に関する設問を設定し,それぞれの状況について5段階（①とても不便,②不便,③どちらともいえない,④便利,⑤とても便利）で回答してもらった。

　回答結果は,表4-10のとおりである。すべての生活行動において利便性が低い結果となった。「通院」に絞って分析してみると,2011年10月5日に内科・

表4-10 生活の利便性

	買い物		通学・通勤		通院		文化・趣味活動		知人・友人との交流	
	度数	構成比(%)	度数	構成比(%)	度数	構成比(%)	度数	構成比(%)	度数	構成比(%)
とても不便	24	21.8	11	17.5	20	19.8	14	15.4	13	12.5
不便	58	52.7	28	44.4	56	55.5	41	45.1	37	35.6
どちらともいえない	21	19.1	19	30.2	16	15.8	31	34.1	38	36.5
便利	6	5.5	5	7.9	9	8.9	4	4.4	13	12.5
とても便利	1	0.9	0	0.0	0	0.0	1	1.1	3	2.9
合計	110	100.0	63	100.0	101	100.0	91	100.0	104	100.0

・買い物：未記入による欠損値が11であるため，有効回答数は110（90.9%）である。
・通学・通勤：未記入による欠損値が58であるため，有効回答数63（52.1%）である。
・通院：未記入による欠損値が20であるため，有効回答数は101（83.5%）である。
・文化・趣味活動：未記入による欠損値が30であるため，有効回答数は91（75.2%）である。
・知人・友人との交流：未記入による欠損値が17であるため，有効回答数は104（86.0%）である。

外科・整形外科を擁す総床面積120m^{2}の雄勝診療所が開設されたにもかかわらず，有効回答数101のうち，56人（55.5%）が「不便」であると回答しており，「とても不便」（20人：19.8%）を合わせると約75%の在宅被災者が通院に際して問題を抱いていることがわかった[*5]。

また，「震災後，健康状態が変化した」と回答した31人中，27人（87.1%）が通院の利便性が低いと回答しており，「どちらともいえない」（よいとも悪いともいえない）と回答した41人についても30人（73.2%）が不便であると感じていることがわかった（図4-11）。

雄勝地区は1,348棟が全壊，241棟が半壊・一部損壊し，地域全体が壊滅的な被害を受けた[6]。このような状況下，2011年11月，石巻市雄勝支所前の敷地に仮設商店街「おがつ店こ屋（たなこや）」が開設された。しかし，軽量鉄

＊：この結果を前述した「震災後の健康状態の変化」と関連づけ，「H$_0$：通院の利便性は震災後の健康状態とは関係ない」と帰無仮説を設定し，カイ2乗検定（独立性の検定）を行ったところ帰無仮説（H$_0$）は棄却され〔有意確立（0.028）：a <0.05〕，2つの変数の間には関連性が認められる結果となった。

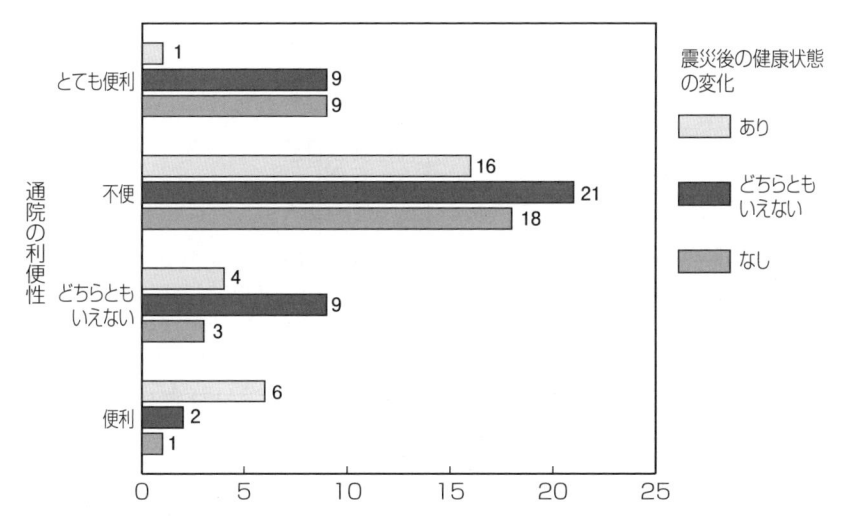

図4-11　震災後の健康状態の変化と通院の利便性

未記入による欠損値が22であるため，有効回答数は99（81.8%）である。

骨2階建ての建物には，小規模スーパーに加え，飲食店，日用品店，海産物店など10店舗しか入居してなく，在宅被災者の生活を支える商業施設とはいい難い状況にある。

このような状況を裏づけるように，買い物の利便性に関する設問では有効回答数110のうち，58人（52.7%）が「不便」であると回答しており，「とても不便」であると回答した24人（21.8%）を合わせると，約4分の3を占める82人の在宅被災者が買い物面で不自由な生活を強いられていることがわかった。また，順序尺度を用いて，買い物しづらい商品について調べたところ，「食肉（83.3%）」「その他の食品（36.8%）」「消耗品（34.6%）」「鮮魚（31.6%）」「医薬品（25.0%）」という順に購入しづらいことがわかった。

主に利用する商業施設としては「総合スーパー」（GMS）が68人（66.7%）と最も多く，以下「中小スーパー」が50人（49.0%），「ホームセンター」が40人（39.2%），「ドラッグストア」が30人（29.4%），「コンビニエンスストア」が24人（23.5%）という順となった。一方，「商店街・個人商店」を利用する

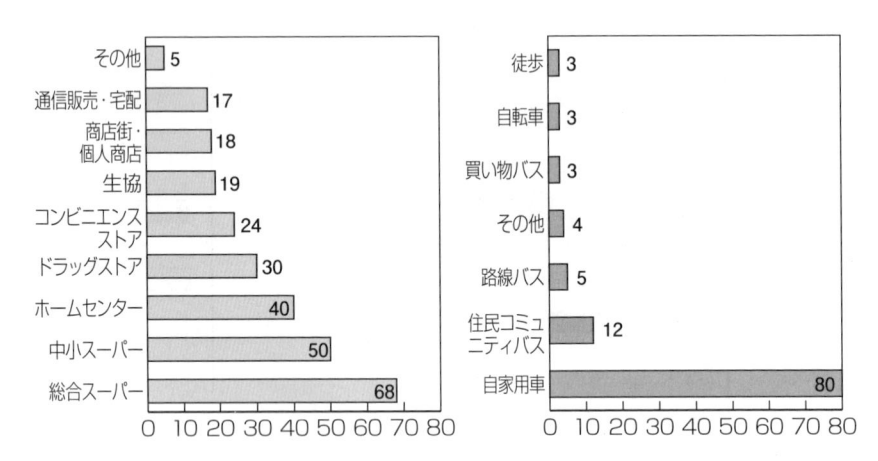

「主に利用する商業施設」は，未記入による欠損値が 19 であるため，有効回答数は 102（84.3%）である。なお，「買物時の主な移動手段」の設問については未記入による欠損値が 11 であるため，有効回答数は 110（90.9%）である。

図4-12　主に利用する商業施設（複数回答：左）と買い物の際に利用する交通手段（右）

と回答した在宅被災者は，わずか 18 人（17.7%）であった。

買い物に出かける際の移動手段については，「自家用車（80 人：72.7%）」が最も多く，以下，「住民コミュニティバス（12 人：10.9%）」「路線バス（5 人：4.6%）」と続く（図4-12）。雄勝地区の半島部の場合，最寄りの総合スーパーは，道のりで 30km 程度離れた河北地区の内陸部にある。住民コミュニティバスを利用する方法もあるが，運行本数が限られているため，買い物をするためには半日の時間を要する*。このような状況から買い物に出かける場合は，高齢者であっても自家用車の利用が強いられる。

次に，在宅被災者が要望する買い物環境の改善点について順序尺度を用いて調べた。その結果，「宅配サービス（79.2%）」を希望する在宅被災者が最も多く，以下「公共交通機関の充実（54.2%）」「移動販売サービス（48.5%）」という順に続いた。前述したとおり，雄勝地区半島部の在宅被災者の多くは，自家用車で買い物に出かけているが，最寄りの総合スーパーまでの距離を考慮すると，

＊：雄勝地区の半島部は，かつて路線バスが運行されていたが，現在では廃止された経路が多い。

買い物の頻度は必然的に減少する。このような状況は買物頻度に関する設問（有効回答数109）でも確認することができ〔「週1回」(38人：31.4%)，「週2～3回」(33人：27.3%)，「月に2～3回」(26人：21.3%)〕，「ほぼ毎日」買い物をすると回答した在宅被災者はわずか2人（1.7%）であった。

このほか，「通学・通勤（不便であると回答した人数＝39人：61.9%)」「文化・趣味活動（同＝55人：60.4%)」「知人・友人との交流（同＝50人：48.1%)」についても，利便性が低い状況を確認した。

(4) 郡部地域の被災者に対する今後の支援について

本節では，石巻市郡部地域に立地する仮設住宅入居者と雄勝地区の在宅被災者に対して実施した調査結果を提示しながら，被災者の生活実態状況について述べてきた。郡部地域の仮設住宅入居者に対する調査では，元の居住地よりも市内中心部に近づいたこともあり，利便性が低いという状況は確認できなかった。また，買い物時などの移動についても，近隣住民間で自家用車に相乗りするなど，支え合って生活している状況を確認することができた。コミュニティ単位による仮設住宅への入居は，日常生活において近隣住民同士の相互扶助を高めることができる。コミュニティ単位による仮設住宅への入居策については，震災時の対応として十分に考慮していくべきであろう。

一方，雄勝地区の在宅被災者に対する調査では，生活必需品の購入に困窮している状況が明らかとなり，生活面における利便性は仮設住宅居住者よりも低いことがわかった。震災後，総合スーパーなどが仮設住宅居住者に対して，買い物バスの運行や宅配といったサービスを行っている。しかし，雄勝地区半島部のように市内中心部から距離があり，居住人数が少ない郡部地域の在宅被災者に対しては，十分なサポートはなされていない。

調査を実施して，筆者らは地域の商業者や商店街が主体となって在宅被災者に対する多様なサービスを創出していく必要性を感じた。石巻市の商店街は，中心市街地をはじめ，郡部地域（広域合併前の旧町各地域）にも存在している。しかし，近年は，郡部地域に隣接する旧市部郊外に大手総合スーパーなどが相

次いで開設された影響を受け，閉店・廃業する店舗が増加している．しかし，震災後の苦境時に際しては，単にモノを販売するという商業活動だけではなく，地域住民のニーズにマッチした多様なサービスを行っていくべきであり，その役割を担うのが地域の商業者であると筆者らは考えている．地域の商業者は，旧来からのお得意様を抱え，御用聞きといったきめ細かなサービスを行っていたはずである．また，商業活動に加え，地域の犯罪抑止といった治安維持にも貢献していたはずである．震災後の被災地においては，地域商業者が連携しながら地域住民が要望するサービスを積極的に創出していくことが求められるだろう．

引用文献
1）石巻市：仮設住宅関係のお知らせ（2013年7月2日）．2013
 http://www.city.ishinomaki.lg.jp/cont/10401200/7625/7625.html
2）石巻市：石巻市統計書，第3章人口．2010
 http://www.city.ishinomaki.lg.jp/cont/10152000/3914/20130301161659.html
3）石巻市：バス運行のご案内．2013
 http://www.city.ishinomaki.lg.jp/cont/10152000/bus/20130322165030.html
4）読売オンライン：人口流出 再建の遅れ，減少を加速（2013年3月10日）．2013
 http://www.yomiuri.co.jp/e-japan/miyagi/feature/tohoku1362438975719_02/news/2013/
5）雄勝診療所Webサイト．2013
 http://ogatsusinryojo.wordpress.com/
6）石巻市：石巻市震災復興基本計画．2013
 http://www.city.ishinomaki.lg.jp/cont/10181000/7742/01_dai1syou.pdf

第5章 支援を通しての今後の展開

(1) 石巻市での取り組み

　生活の質の向上と人類の福祉の貢献を目指し，生活者の視点から生活の課題とその解決方法を実践的に明らかにしてきた日本家政学会は，大規模な生活破壊を起こした2011年の3.11東日本大震災を目の当たりにして，何らかの行動を起こす使命を感じた。そこで日本家政学会は石巻専修大学と共同で震災の研究に取り組むこととし，宮城県石巻市の被災地域の住民を対象に，聞き取り調査，アンケート調査等を通じて，大震災直後の生活上の困難状況，ならびに復興に取り組む中での生活上の課題を明らかにし，家政学からの生活支援体制を確立するとともに，今後の生活のあり方を追求する「東日本大震災生活研究プロジェクト」を立ち上げた。本書はこの研究に取り組んできた約2年間の記録である。研究は10年計画であり，3年を経過した被災地の復興はまだその途上である。したがって，本書は研究の途中経過報告である。

　本プロジェクトが実際に現地入りしたのは震災後約半年後の2011年9月22日であり，その時すでに多くの研究グループが被災地に入り，生活課題も含めた研究が進んでいた。一方で，被災者の迷惑も考えない一方的な調査もあったようで，被災者にとって調査が二次被害となり，調査に疲れ，調査アレルギーが蔓延していた。そうした中で，どのように被災状況を把握していくかが大きな課題であった。石巻はボランティアが非常にうまく活動できていることに特徴がある被災地であり，石巻専修大学が拠点となって活動が展開されていた。このことから被災者への直接的な調査ではなくボランティアを調査対象にする

ことで，調査が被災者の二次被害にならず，しかし震災直後からの被災地の状況をリアルに把握できる研究に取り組めたと思っている。さらに調査研究ばかりでなく，被災者のニーズに合った支援として料理教室や手芸教室を展開していったことも，被災者との信頼関係を育むことに一定の役割を果たすことができた。これが，その後の調査の可能性につながってきたといえる。試行錯誤の結果ではあったが，即座に現地入りして調査に取り組むことができなかったことが逆に幸いして，よい調査が展開できたといえよう。

（2）2年間の活動でわかったこと

本書からは以下のことが明らかになった。

序章では，被災地調査以外の日本家政学会の取り組みである，(1) 被災会員の大会参加費の免除など，(2) シンポジウムの開催（①石巻専修大学並びに阪神・淡路大震災での取り組み，②ピースボートなどのボランティアの現地スタッフならびに東松島市長による現地状況報告，③東日本大震災からの持続可能な社会に向けた生活スタイルの再考をテーマにした国際家政学会でのシンポジウム），(3) ブックレットの刊行などを紹介した。被災地での調査だけでなく，こうした震災に向けるまなざしが，本学会の震災研究の取り組みの姿勢を生み出し，また調査の基礎固めをしたといえよう。

第1章では石巻市の被災状況と阪神・淡路大震災との比較における今回の被災状況の特徴を述べた。ここで明らかになったことは，石巻市は東日本大震災による死者・行方不明者数が最も多い自治体となっていること，その大半が今回の震災の特徴である津波による溺死であったこと，石巻市の産業基盤である漁業，農業，製造業すべてが甚大な被害を受け壊滅的な打撃を被ったこと，市の中心である市役所も被災し復興のコントロールセンターとなるべく行政が機能しなかったことなどである。

東京電力福島第1原子力発電所の事故による福島県の被災状況，震災からの復興，復旧の先行きが見えないという課題は，宮城県や岩手県の被災とは次元

が異なり比べものにならないが，津波被害を特徴とする今回の震災被害に焦点を当てれば，石巻市の復興，復旧における課題は他の被災地と比べて大きいといわざるをえない。

例えば東北最大の都市である仙台市も同様に大きな津波被害を受けているが，仙台市には本社機能が東京など大都市にある企業も多く，本社からの支援で復興が比較的早く行われ，また市役所も被災を免れ復興指揮が機能しており，仙台駅を降り立った限りでの被災の爪痕は現在ではみえにくくなっている。しかし，石巻市の産業の大半は中小企業でその資本基盤は弱く，産業復興の速度は遅いという特徴がみえてきた。

第2章では，ボランティア団体の代表者を対象に行ったインタビュー調査によって，支援活動の変化から2年間の復興過程や生活ニーズ状況を把握した。その結果，震災から現在までの道程は，震災直後の緊急期（直後～数日），復旧期Ⅰ（数日～6か月），復旧期Ⅱ（6か月～1年後），復旧期Ⅲ（1～2年後），復興期（2年後～）に分けられ，緊急期は被災によって家を失い，着る物も食べる物もなく，安全な場所を求めてさまよった，まさにサバイバル期であった。

復旧期Ⅰは学校などの体育館に避難しとりあえず風雨がしのげる環境を確保し，食べ物や着る物，寝具などが届きはじめ，生き延びていくことができる状況となった。しかし，生活空間とはいえない環境の中で，また健康な食生活や文化的な衣生活にはほど遠い生活であり，生活ニーズに支援が追いつかない時期であった。復旧期Ⅱでは仮設住宅に入居し，人の住まいに一歩近づいたが，東北の厳しい冬を過ごすには不十分な質で，音問題や収納問題，交通の不便さなど課題の多い住環境であった。復旧期Ⅲでは復興住宅建設が進まない中，財力のある世帯は自力で仮設を出て行く人が出てきて，住民の中での格差ができ始め，やっとできた仮設住宅のコミュニティも弱体化してきた時期であった。

2年後から現在の復興期は，全員が仮設から復興住宅に移り，新たな生活を踏み出すことが期待される時期であるが，いまだに実現のめどが立たず将来像はみえない。このように被災地では，衣食住の物資の支援ニーズが高いのは復

旧期Ⅰくらいまでで，復旧期Ⅱ以後は，移動支援，子ども支援，コミュニティ形成支援，雇用支援，健康（心のケア）支援など，人と人の関係にかかわる生活ニーズと生活基盤をなす仕事ニーズが大きいことがわかった。

　第3章では人間関係や文化を育むための調理教室や手芸教室を開催した状況を紹介した。ここに集う人は，独居の高齢期女性や育児時期の女性が多かった。徐々に話を聞ける人間関係が形成されてきているが，そうした中から，若い世代ではそれらの習得した技術を仕事につなげたいという意欲があり，一方で高齢期の人々はコミュニケーションをとることを目的とし仕事へつなげる要求はないことが把握できた。

　第4章では，アンケート調査による仮設住宅の人々の生活状況を把握した結果を記述した。市街地の大規模な仮設住宅では安定した生活のために新しいコミュニティ形成が重要であること，一方，半島部など小さな集落ごとの仮設住宅ではすでにコミュニティができていて生活相互支援が成り立っており，生活が安定し生活課題も少ないという違いが明らかになった。

(3) 仕事創造の支援へ

　日本家政学会では，これらの研究調査結果をふまえた復興期に向けた生活支援として，今後は仕事創造の支援をしていくことを計画している。なぜなら，これまでの調査から東日本大震災の被災者の生活が復興していくために必要なことは，恒常的な住居の確定と生活費（収入）の安定的な確保（仕事の確保），そしてコミュニティの再生であることが明らかになったからである。そこで，生活復興に向けた実践と研究を結びつけた取り組みとして，これまでの研究活動で培った石巻市での人間関係を軸に，収入の増加と地域コミュニティの再生を通して被災者の生活自立を図ることを目的とした仕事支援に取り組むこととした。

　このプロジェクトで取り組む仕事支援は，主に家政学の専門性を生かした衣

食住に関する商品の開発・生産・流通における，①子育てや家事をしながら居住地コミュニティを拠点とした仕事創造の取り組みと，②石巻の地場産業の活性化を図り石巻を拠点として働く人々（主に家庭を持つ女性就業者）の生活自立に結びつく仕事の支援である。

①として，一つには手芸教室で取り組んだ組紐の技術を活用して，子育てグループが，国際学会で使用するネームタグのストラップ作りの注文を受け，一定の仕事の創出につながった活動があげられる。また，主婦グループが小物作りに取り組んでおり，日本家政学会はそれを販売ルートにのせる支援団体と協力して，社会のニーズを掘り起こし収入につながる仕事へと発展させようとしている。学会は，手芸教室の延長線上で小物作りの質の向上に向けた技術指導やデザインアドバイスなどに取り組んでいく予定である。被災地ブランドだから売れるのではなく，地域ブランドとして質の高さが評価され，販売が促進される商品作りがこれからの課題である。

②としては，地域の特産物のワカメをアピールし販売促進に結びつける取り組みである。その活動の一つとして，日本家政学会のコーディネートのもと，石巻専修大学でワカメの調理コンテストを行い，販売促進に結びつけるプロジェクトを計画している。コンテストは大学，高校，行政，産業などとの連携で実施する予定である。内容は石巻の高校生からワカメの調理品の提案をしてもらい，評価が高かった料理を表彰し，またその作品について地元の海産物業者や企業とともに検討し，販売ができるような支援を行うものである。

本プロジェクトは石巻市での調査研究活動を続けながら，そこで創り上げた関係性を軸にニーズを把握し次の活動へ展開していく上記のような取り組みを，今後とも展開していく予定である。

〔責任編集者〕

大竹美登利（おおたけ　みどり）　東京学芸大学　教授
坂田　　隆（さかた　たかし）　石巻専修大学　学長

〔著　者〕（執筆順）

中島　明子（なかじま　あきこ）　和洋女子大学家政学群
宮野　道雄（みやの　みちお）　大阪市立大学　副学長
生田　英輔（いくた　えいすけ）　大阪市立大学大学院生活科学研究科
萬羽　郁子（ばんば　いくこ）　近畿大学医学部
加藤　浩文（かとう　ひろふみ）　東北生活文化大学家政学部
吉井美奈子（よしい　みなこ）　武庫川女子大学文学部
野田奈津実（のだ　なつみ）　尚絅学院大学総合人間科学部
久慈るみ子（くじ　るみこ）　尚絅学院大学総合人間科学部
浜島　京子（はまじま　きょうこ）　福島大学人間発達文化学類
佐々井　啓（ささい　けい）　日本女子大学家政学部
奥山 みどり（おくやま　みどり）　独立行政法人地域医療機能推進機構可児とうのう病院
小川　宣子（おがわ　のりこ）　中部大学応用生物学部
山崎　泰央（やまざき　やすお）　石巻専修大学経営学部
李　　東勲（い　どんふん）　石巻専修大学経営学部
石原　慎士（いしはら　しんじ）　石巻専修大学経営学部

東日本大震災
ボランティアによる支援と仮設住宅
　　―家政学が見守る石巻の 2 年半―　　　　定価（本体 1,900 ＋税）

2014 年（平成 26 年）5 月 20 日　初版発行

編　者　　(一社)日本家政学会
　　　　　東日本大震災生活
　　　　　研究プロジェクト

発行者　　筑　紫　恒　男

発行所　　株式会社　建帛社
　　　　　　　　　　KENPAKUSHA

112-0011　東京都文京区千石 4 丁目 2 番15号
　　　　　TEL（03）3944-2611
　　　　　FAX（03）3946-4377
　　　　　http://www.kenpakusha.co.jp/

ISBN978-4-7679-6519-2　C3036　　　　プロシード／教文堂／常川製本
Ⓒ(一社)日本家政学会，2014.　　　　　　　　　　　Printed in Japan

本書の複製権・翻訳権・上映権・公衆送信権等は株式会社建帛社が保有します。
JCOPY〈(社)出版者著作権管理機構　委託出版物〉
本書の無断複写は著作権法上での例外を除き禁じられています。複写される
場合は，そのつど事前に，(社)出版者著作権管理機構（TEL 03-3513-6969,
FAX 03-3513-6979, e-mail : info@jcopy.or.jp）の許諾を得て下さい。